逻辑学

王 刚 ◎ 编著

清华大学出版社
北京

内 容 简 介

本书分为四大部分，共八章：第一部分为绪论，探讨逻辑学的发展演变以及自身特点；第二部分为概念，探讨概念的内涵、种类、定义以及划分等内容；第三部分为命题及其演绎推理，是本教材的重点，包括性质命题的直接推理、三段论、复合命题及其推理、模态命题及其推理、关系命题及其推理；第四部分为非演绎推理，包括类比推理、归纳推理、批判性思维、论证以及谬误等。

本书省略了符号逻辑的内容，以适合非哲学专业的其他人文社科专业的本科生、研究生学习使用。同时，本书增加了批判性思维的相关内容和思维训练，以帮助读者提高自己的思辨能力和分析能力。

本书封面贴有清华大学出版社防伪标签，无标签者不得销售。
版权所有，侵权必究。举报：010-62782989，beiqinquan@tup.tsinghua.edu.cn。

图书在版编目（CIP）数据

逻辑学/王刚编著. —北京：清华大学出版社，2021.8（2024.2重印）
ISBN 978-7-302-58764-4

Ⅰ. ①逻… Ⅱ. ①王… Ⅲ. ①逻辑学 Ⅳ. ①B81

中国版本图书馆CIP数据核字（2021）第144036号

责任编辑：杜春杰
封面设计：刘　超
版式设计：文森时代
责任校对：马军令
责任印制：丛怀宇

出版发行：清华大学出版社
网　　址：https://www.tup.com.cn，https://www.wqxuetang.com
地　　址：北京清华大学学研大厦A座　　　　邮　编：100084
社 总 机：010-83470000　　　　　　　　　　邮　购：010-62786544
投稿与读者服务：010-62776969，c-service@tup.tsinghua.edu.cn
质量反馈：010-62772015，zhiliang@tup.tsinghua.edu.cn
印 装 者：三河市君旺印务有限公司
经　　销：全国新华书店
开　　本：185mm×260mm　　　印　张：11.5　　　字　数：261千字
版　　次：2021年8月第1版　　　　　　　　　　印　次：2024年2月第3次印刷
定　　价：49.00元

产品编号：091366-01

前　言

逻辑学是一门研究思维的形式结构及其规律的科学。它具有一个庞大而又多层次的学科体系，可以分为形式逻辑和辩证逻辑两大门类。通常而言，逻辑学是指形式逻辑。形式逻辑的发展可以分为三个阶段，第一个阶段为传统形式逻辑，主要包括以演绎推理为基本内容的演绎逻辑，以及以归纳推理和类比推理为基本内容的归纳逻辑；第二个阶段为数理逻辑，也可以称为现代逻辑、符号逻辑，包括一阶逻辑、模型论、递归论等内容；第三个阶段为非形式逻辑，也可以称为当代逻辑、批判性思维，开始注重语义分析和批判性思维。

本书坚持传统形式逻辑的基本框架，并采纳了当代逻辑的一些最新成果。全书分为八章。第一章为"绪论"，介绍逻辑的含义及其发展演变。第二章为"概念"，阐述概念的种类、概念间的关系，以及定义、划分等内容。第三章为"性质命题及其直接推理"，阐释性质命题的逻辑特性及其对当关系推理、换质换位推理等内容。第四章为"性质命题的间接推理"，阐述有关三段论的规则、格式等内容。第五章为"复合命题及其推理"，阐述联言命题、选言命题、假言命题及其推理等。第六章为"模态命题、关系命题及其推理"，阐述模态命题的四种对当关系和关系命题的逻辑特性及其推理。第七章为"非演绎推理与批判性思维"，包括类比推理、归纳推理、探求因果联系的方法以及有关批判性思维的内容，其中，还纳入了非形式逻辑的一些内容。第八章为"逻辑规律、论证与谬误"，包括逻辑的同一律、矛盾律、排中律等逻辑规律，以及论证与谬误的相关内容。

这本《逻辑学》是在笔者过去出版的同类教材基础上进一步完善和修正而成的，不仅采纳了一些其他逻辑学教材的内容，而且还吸纳了一些学术界的研究成果。例如，其对当代逻辑的论述，就采纳了蔡曙山教授、熊明辉教授等学术界前辈的学术成果，在此表示感谢！此外，对于原教材中一些表述不清的地方，也予以澄清或者纠正，从而使得相关表述更为合理。

近年来，我国的逻辑学研究和教学都获得了突飞猛进的发展，许多高校和专业都开设了逻辑学的课程。笔者编撰的这本逻辑学教材，相比于其他逻辑学教材，具有以下几个特点。

一是本书面向的对象主要是政治学、公共管理等人文社科类专业的学生以及读者，因此，书中省略了大量现代逻辑的符号逻辑内容，内容简约明了，从而使这些专业的读者能够快速把握逻辑学的发展体系和知识脉络。

二是本书力图纳入批判性思维等当代逻辑内容，从而可以在讲授中给予学生更多的逻辑启迪、思维启发，激发学生深入思考，培养其更加全面、系统的理性思维。

三是本书增加了一些思考题、练习题，可以方便学生在学习相关内容之后，进行做题训练，从而进一步深化认识。练习题一部分嵌套在正文内容之中，一部分附在每一章的章末,并且在全书的最后附有三套系统的练习题。三套练习题遵循由易到难的顺序排列,读者可以根据自己的学习程度,从第一套逐渐展开练习。

四是在原教材的基础上,根据一些读者的需求和反映,本书增加和充实了部分内容,例如,将三段论中第二格、第三格、第四格的特殊规则证明加以补充,从而方便部分读者自学。

最后,感谢清华大学出版社以及杜春杰编辑!在本书的出版过程中,清华大学出版社给予了大力的支持,编辑们做了大量的辛苦工作,使本书最终能够顺利出版。

尽管本书进一步做了完善和修正,但是亦难免有疏漏之处,恳请读者和学界同人不吝赐教,批评指正,使本书能够不断完善和提升。

作者

于中国海洋大学崂山校区五子顶侧

2021 年 1 月

目 录

第一章 绪论 ·· 1
  本章重点 ·· 1
  导语 ·· 1
  第一节 逻辑学的含义、对象和性质 ·· 1
    一、逻辑的概念 ·· 1
    二、逻辑学的研究对象 ·· 2
    三、逻辑学的性质 ·· 3
    四、逻辑学的作用 ·· 4
  第二节 思维、语言与逻辑 ·· 5
  第三节 逻辑学发展简史 ·· 7
    一、早期逻辑的产生与发展 ·· 7
    二、传统逻辑的产生与发展 ·· 7
    三、现代逻辑的产生与发展 ·· 8
    四、当代逻辑的产生与发展 ·· 9
  本章小结 ·· 10
  复习思考题 ·· 11
  本章参考答案 ·· 12

第二章 概念 ·· 13
  本章重点 ·· 13
  导语 ·· 13
  第一节 概念的概述 ·· 13
    一、概念的含义 ·· 13
    二、概念的内涵与外延 ·· 14
    三、概念与语词的关系 ·· 15
  第二节 概念的种类 ·· 16
    一、单独概念和普遍概念 ·· 16
    二、集合概念和非集合概念 ·· 17
    三、正概念和负概念 ·· 17
    四、实体概念和属性概念 ·· 18
  第三节 概念间的关系 ·· 18
    一、全同关系 ·· 18

二、包含关系 ·· 18
　　三、包含于关系 ·· 19
　　四、交叉关系 ·· 19
　　五、全异关系 ·· 19
第四节　概念的定义 ·· 20
　　一、定义的含义和构成 ·· 20
　　二、定义的方法 ·· 20
　　三、定义的规则 ·· 21
第五节　概念的划分 ·· 23
　　一、划分的含义与构成 ·· 23
　　二、划分的规则 ·· 23
　　三、划分与分解 ·· 25
第六节　概念的限制与概括 ·· 25
　　一、概念的限制 ·· 25
　　二、概念的概括 ·· 25
本章小结 ·· 25
复习思考题 ·· 26
本章参考答案 ·· 27

第三章　性质命题及其直接推理 ··· 28

本章重点 ·· 28
导语 ··· 28
第一节　性质命题的逻辑特性 ·· 28
　　一、性质命题的含义与种类 ·· 28
　　二、性质命题中词项的周延性 ·· 29
　　三、性质命题的真值规律 ·· 30
　　四、性质命题的逻辑方阵图 ·· 31
　　五、性质命题的负命题 ·· 33
第二节　性质命题的对当关系推理 ·· 34
　　一、矛盾关系推理 ·· 34
　　二、反对关系推理 ·· 34
　　三、下反对关系推理 ·· 35
　　四、从属关系推理 ·· 35
第三节　性质命题的换质换位推理 ·· 35
　　一、换质推理 ·· 35
　　二、换位推理 ·· 36
　　三、换质位推理 ·· 37

本章小结 ··· 37
  复习思考题 ··· 38
  本章参考答案 ·· 40

第四章 性质命题的间接推理 ··· 41
  本章重点 ··· 41
  导语 ·· 41
  第一节 三段论的逻辑特性 ··· 41
    一、三段论的含义与构成 ··· 41
    二、三段论的公理 ·· 42
  第二节 三段论的规则 ··· 44
    一、在一个三段论中，有且只能有三个不同的概念 ······················· 44
    二、中项在前提中至少必须周延一次 ··· 45
    三、在前提中不周延的项，在结论中也不得周延 ·························· 45
    四、两个否定前提不能推出结论 ··· 46
    五、前提之一是否定命题，结论也应当是否定命题；结论是否定命题，
      前提之一必须是否定命题 ··· 46
    六、两个特称命题作为前提不能得出结论 ····································· 46
    七、前提之一是特称命题，结论必然是特称命题 ·························· 47
  第三节 三段论的格与式 ··· 48
    一、三段论的格 ·· 48
    二、三段论的式 ·· 50
  第四节 三段论的省略式与复合三段论 ··· 52
    一、三段论的省略式 ·· 52
    二、复合三段论 ·· 53
  本章小结 ··· 54
  复习思考题 ··· 55
  本章参考答案 ·· 56

第五章 复合命题及其推理 ··· 57
  本章重点 ··· 57
  导语 ·· 57
  第一节 联言命题及其推理 ··· 57
    一、联言命题 ·· 57
    二、联言推理 ·· 58
  第二节 选言命题及其推理 ··· 59
    一、选言命题 ·· 59
    二、选言推理 ·· 60

第三节 假言命题及其推理 62
　　一、充分条件的假言命题及其推理 63
　　二、必要条件的假言命题及其推理 66
　　三、充分必要条件的假言命题及其推理 70
第四节 负命题及其等值推理 70
　　一、联言命题的负命题 70
　　二、选言命题的负命题 71
　　三、假言命题的负命题 71
第五节 多重复合推理 73
　　一、假言连锁推理 73
　　二、反三段论 74
　　三、二难推理 74
本章小结 76
复习思考题 77
本章参考答案 82

第六章 模态命题、关系命题及其推理 83
本章重点 83
导语 83
第一节 模态命题及其推理 83
　　一、模态命题的含义及逻辑关系 83
　　二、模态命题的直接推理 84
第二节 关系命题及其推理 86
　　一、关系命题的含义及构成 86
　　二、关系命题的逻辑性质及推理 87
本章小结 88
复习思考题 88
本章参考答案 89

第七章 非演绎推理与批判性思维 90
本章重点 90
导语 90
第一节 类比推理与假说 90
　　一、类比推理 90
　　二、假说 92
第二节 归纳推理 94
　　一、归纳推理的含义与特征 94
　　二、归纳推理的种类 95

三、现代归纳逻辑··97

第三节　探求因果联系的逻辑方法··99
　　一、求同法··99
　　二、求异法···101
　　三、求同求异并用法···102
　　四、共变法···103
　　五、剩余法···104

第四节　批判性思维···105
　　一、批判性思维的含义···105
　　二、批判性思维的类型···106

本章小结···115
复习思考题···115
本章参考答案···119

第八章　逻辑规律、论证与谬误··120

本章重点···120
导语···120

第一节　逻辑基本规律···120
　　一、同一律···120
　　二、矛盾律···123
　　三、排中律···125
　　四、充足理由律···126

第二节　论证···126
　　一、论证的含义···126
　　二、论证的种类···127
　　三、论证的规则···128
　　四、反驳···130

第三节　谬误···132
　　一、谬误的含义与种类···132
　　二、非形式谬误···133

本章小结···138
复习思考题···139
本章参考答案···140

参考文献··141

附录　逻辑综合练习题··142

第一章 绪 论

本章重点

➢ 掌握逻辑学的含义。
➢ 理解逻辑学与思维、语言之间的内在关系。
➢ 了解逻辑学的发展历史。

导语

逻辑学,也可以称为普通逻辑学,是一门研究思维的形式结构及其规律的科学。它具有一个庞大而又多层次的学科体系,可以分为形式逻辑和辩证逻辑两大门类。通常而言,逻辑学是指形式逻辑。逻辑学的研究对象包括思维、思维的形式结构和思维形式结构的规律。逻辑学与语言和思维之间存在密切的关系:思维以抽象概括的形式反映世界,而逻辑则是人们反映思维、优化思维的重要方式和途径;在思维与逻辑学之间,需要通过语言这样一个物化的具有直接现实性的媒介来建立关联。逻辑学的历史久远,在两千多年前的中国、古希腊、印度等都可以追溯其渊源。逻辑学发展至今,可以划分为四个阶段,即早期逻辑、传统逻辑、现代逻辑和当代逻辑阶段。当前,人们已经进入当代逻辑阶段,而本书重点讲授的是传统逻辑的理论和知识。

第一节 逻辑学的含义、对象和性质

一、逻辑的概念

"逻辑"一词是由英语"Logic"音译而来的,其来源于古希腊语"λογοσ"(逻各斯),是古希腊哲学的一个概念。古希腊哲学家赫拉克利特(Heraclitus)最早使用了这个概念,认为逻各斯是一种隐秘的智慧,是世间万物变化的一种微妙尺度和准则,蕴含着思想、言辞、理性、规律等意义,其与中国传统文化中的"道"具有异曲同工之处。

在中国古代,将"逻辑"一词称为"名学"和"辩学"。明朝末期,一位名为李之藻的学者,翻译了一本葡萄牙人的逻辑书,将其书名定为《名理探》。此外,日本学者将"Logic"翻译为"论理学",意指议论、论证的条理。孙中山先生则将其翻译为"理则学",意指"思想之门径、诸学之规则"。现在使用的"逻辑"一词,通常被认为是严复借鉴了日本学者的翻译概念,从而引入中国,后经过章士钊等近代学者的提倡,从20世纪30年代起逐渐成为普遍使用的一个概念名称。

现阶段,"逻辑"一词具有多重含义。首先,它可以指一门学科,即人们所称的逻辑学;其次,还可以指某种客观规律,如"中国革命的逻辑";再次,还可以指某种特殊的理论、观点或者看问题的方法,如"侵略者的逻辑""强盗的逻辑";最后,还可以指逻辑学中的某些规律或规则,如"你的推理不合逻辑"。

在本书中,笔者所指的"逻辑"是第一重含义,即从学科的角度去认识逻辑、学习逻辑,也就是人们所称的"逻辑学"。逻辑学属于思维科学。思维科学揭示思维的本质与规律,是一个非常庞大的学科群,包括心理学、脑神经生理学、哲学认识论以及人工智能等。近年来,随着认知科学的发展,逻辑学与其他思维科学之间产生了越来越密切的关联。例如,在以往的学科分类中,逻辑学是研究理性思维的,而心理学是研究感性思维的,两者迥然不同。但是现在人们认识到,我们的感性和理性不能截然分开,理性并不是感性简单地上升,感性中有理性,理性中有感性,这也形成了一些交叉学科,如"心理逻辑学""逻辑心理学"等。

此外,有关逻辑的概念认知也可以从类型划分的角度加以深化。舒尔茨将逻辑学进行了类型划分。他指出,在逻辑学中,存在着"技艺逻辑学""哲学逻辑学""逻辑哲学"三种类型。"技艺逻辑学"为进行符合逻辑的思维活动提供规范指导,包含各种做出判断和进行推理的逻辑规则与形式,强调的是它的技艺性实践功能;"哲学逻辑学"不是一门技艺性学科,它不提供指导思维的方法与规则,而是去追问理性应用的逻辑根据和进行逻辑思维的理性根据,是一门原理科学,如康德的先验逻辑、黑格尔的辩证逻辑就属于这种类型;而"逻辑哲学",严格来说,其主要关心的主要不是逻辑学本身,而是将逻辑学应用于解决哲学问题。

概括而言,逻辑学是一门研究思维的形式结构及其规律的科学。它具有一个庞大而又多层次的学科体系,可以分为形式逻辑和辩证逻辑两大门类。通常而言,逻辑学是指形式逻辑。形式逻辑又可以分为传统形式逻辑和现代形式逻辑。传统形式逻辑也称普遍逻辑,主要包括以演绎推理为基本内容的演绎逻辑,以及以归纳推理和类比推理为基本内容的归纳逻辑。现代形式逻辑主要是指数理逻辑(也称符合逻辑)。此外,还有模态逻辑、多值逻辑、时态逻辑和概率逻辑等。逻辑学发展到今天,已突破了数理逻辑的局限,开始注重语义分析和批判性思维。

二、逻辑学的研究对象

逻辑学把思维形式作为自己特殊的研究对象,具体而言,其研究对象可以分为如下三个层次。

(一)思维

传统哲学及认知科学认为,人们对客观事物的认识,包括感性认识和理性认识两个阶段。其中,感性认识是认识的基础和低级阶段,包括感觉、知觉和表象。理性认识是认识的高级阶段,也就是人类的思维阶段。因此,思维是人类认识世界的理性阶段,包括概念、命题(判断)和推理。

概念是反映对象本质属性或特有属性的思维形式。概念是人类思维的基础，也是理性认识的基础。人们对概念这一语词的使用以及其内涵与外延的界定，关系到人类思维的科学化。命题是对对象有所断定即肯定或否定的思维形式。它是在概念的基础上对对象性质的进一步明确，从而深化思维和理性认识。推理是由一个或几个命题推出新命题的思维形式。它是人类思维的最高阶段，也是人类认识世界的最高层次。概念和命题都是为推理服务的。

（二）思维的形式结构

思维的形式结构，又称为思维的逻辑形式，是指思维形式诸要素之间的联结方式。它可以通过不同思维形式中所包含的具体概念或具体命题加以抽象，并用一定的符号来表示，从而获得相应思维形式的逻辑结构。

例如："所有的金属都是导电的。""如果天下雨，那么地上就会湿。""小明高并且胖。"它们中的一些概念可以用字母或者符号来替代，从而可以改造为"所有的 S 都是 P""如果 p，那么 q""p 并且 q"。

任何思维的逻辑形式都包括逻辑常项和逻辑变项两部分。

所谓逻辑常项，是指在某种逻辑形式中不随思维具体内容的变化而发生变化的部分，以上事例中的"所有……都是……""如果……那么……""……并且……"都属于逻辑常项。逻辑常项决定了思维的逻辑性质，它是判定一种逻辑形式具体类型的唯一根据。

所谓逻辑变项，是指在某种逻辑形式中随着思维具体内容的变化而发生变化的部分。以上事例中的字母"S""P""p""q"等都是逻辑变项。它可以根据不同的表达内容，填充上不同的概念。

（三）思维形式结构的规律

逻辑学研究思维形式结构，是为了总结出思维形式的逻辑规律，以便于人们正确地认识客观世界和对象。人们总结的思维形式结构的规律可以分为两大类。一类是仅仅适用于某一种思维形式，传统逻辑将之称为逻辑规则。例如，在三段论推理中，需要"中项至少周延一次"的规则。另一类是普遍地适用于各种类型的思维形式，传统逻辑将其称为逻辑思维的基本规律。逻辑思维的基本规律包括同一律、矛盾律、排中律和充足理由律。

同一律是指在同一思维过程中，任何一种思想必然与其自身同一，可以表述为：A 是 A。矛盾律是指在同一思维过程中，两个相互否定的思想不能同真，必有一假，可以表述为：A 不是非 A。排中律是指在同一思维过程中，两个相互否定的思想不能同假，必有一真，其可以表述为：A 或者非 A。充足理由律是指在同一思维过程中，任一思想被确定为真必然有充足的理由，可以表述为：A 真，因为 B 真，并且 B 能推出 A。

三、逻辑学的性质

（一）工具性

逻辑学是以思维形式结构及其规律为对象的学科，它撇开了思维的具体内容。因此，逻辑学本身并不能给人们提供各种具体知识，它为人们进行正确思维、获取新知识，以及表述、论证思想，提供必要的逻辑手段和方法，这就是逻辑学的工具性。逻辑与语法非常类似，语法本身不能给人们提供关于事物的具体内容，但是，它提供的用词造句规则却是人们必须遵守的，因此，有人把逻辑称为"思维的文法"。关于逻辑的工具性，从该学科产生之日起，就已经被人们认识到了。"西方逻辑学之父"亚里士多德有关逻辑的文章被辑为《工具论》，培根的逻辑著作名为《新工具》，就是很好的说明。

（二）普遍性

逻辑学作为一种人们使用的思维工具，其使用的范围具有普遍性，它的基本规则、规律适用于全人类，而没有民族性、阶级性。任何人，只要进行正确的思维活动，就必须遵循逻辑学所揭示的有关思维形式结构的知识。从这个意义上而言，逻辑学也具有科学性，任何历史阶段、国家与民族所提炼出来的正确逻辑规律，在全世界都是适用的。

四、逻辑学的作用

逻辑学是一门具有重要价值的学科。联合国教科文组织早在1974年编撰的学科分类中，就已经把逻辑学与数学、天文学和天体物理学、地球科学和空间科学、物理学、化学、生命科学并列为七大基础学科。具体而言，逻辑学的价值体现在以下几个方面。

（一）促进逻辑思维由自发向自觉转变

所谓逻辑思维，就是合理性规律的思维。逻辑思维分为两种：自发的逻辑思维和自觉的逻辑思维。自发的逻辑思维，是指在逻辑学没有产生或者没有学习逻辑学的情况下，人们在社会实践或者学习其他具体科学知识的过程中，自发形成的逻辑思维。自觉的逻辑思维，是指在学习逻辑学知识之后，自觉按照正确思维的逻辑要求而进行的思维。

尽管自发的逻辑思维在通常情况下可以正常进行，但是具有很大的局限性。如果遇到比较复杂的情况，该类思维往往无力对其进行恰当的分析，进而暴露出不足与缺陷。而学习逻辑学并形成自发的逻辑思维，可以使人们熟练地掌握有关思维形式的规律，从而在认识和表述、论证中自觉恰当地运用这些思维形式。

（二）培养和提高人们认识世界和从事科学研究的理性思维

逻辑学发展到当代，为了进一步研究思维的逻辑形式，提出了一系列逻辑方法。这些方法已经成为科学领域中重要的研究工具，其主要包括逻辑运算、形式证明、公理化方法以及语义方法等。这些逻辑方法可以使推理过程更为有效和可靠。

（三）有利于识别和驳斥谬误、诡辩

逻辑学可以成为人们发现谬误、驳斥诡辩的一种有效工具，主要是指从逻辑的角度去分析各种谬误和诡辩产生的根源，指出所犯的逻辑错误，明确避免谬误的途径，选择反驳诡辩的恰当方法。

第二节 思维、语言与逻辑

思维是多学科共同研究的对象,除了逻辑学,哲学认识论、生理学、语言学、控制论、信息论等也都研究思维。但是,它们各自研究的具体范围、侧重点并不相同。思维以抽象概括的形式反映世界。思维是人脑的机能,思维看不见、摸不着。思维要使自己成为科学研究对象就必须物化,取得直接现实性。

在思维与思维科学(包括逻辑学)之间,有一个物化的具有直接现实性的媒介,即语言。语言是思维的直接现实,是思维的物质外壳。逻辑学通过语言形式分析探讨思维的形式。语言是符号系统,有三个要素。语言的第一个要素是基本符号。例如,英语的基本符号是 26 个英文字母,加上若干标点符号;汉语的基本符号是汉字库,加上若干标点符号。基本符号是语言的基本材料。语言的第二个要素是语形规则。语形规则规定何种基本符号串是合式的,可以被确定为语言中的词、词组或语句。没有语形规则,基本符号就不能构成合式的语句。语言的第三个要素是语义规则。语义规则是对语言中合式的词、词组或语句的解释,即对语言符号赋予意义。例如,汉语中的"囹圄"一词,含义是"监狱"。没有语义规则,语言就不能表达可理解的意义和内容。在语言的三个要素基础上,逻辑学也形成了对语言认知的三个不同阶段:语形(syntax)、语义(semantics)和语用(pragmatics)。其中,语用不仅涉及语言规则的问题,还涉及语言运用的情景问题,涉及语言符号与语言符号使用者之间的关系,是语言与逻辑更为深层关系的映射。

鉴于论证与语言的不可分割性,逻辑学家们把符号学研究的语义、语形和语用方法引入逻辑之中,形成了研究形式语言的逻辑语形学、逻辑语义学和逻辑语用学。其中,逻辑语形学研究的是逻辑语言的形状与空间排列关系,以及形成规则和变形规则;逻辑语义学研究的是语言表达式与其所指示的对象之间的关系,主要研究逻辑语言形式化过程中的真实性和可满足性等问题。由于对形式化语言过程中真实性和可满足性问题的研究,逻辑语义学拓展出了逻辑语用学。自然语言论证评价不仅要涉及符号学意义上的语义、语形和语用因素,更重要的是要涉及逻辑学意义上的语义、语形和语用三个维度。

语言对人的思维具有重要的形塑和影响。例如,古希腊形而上学研究是古代哲学家、逻辑学家一直关注的重点。"世界的本源是什么?""万事万物如何存在?""何物存在或不存在?"这一系列问题构成了古希腊朴素形而上学的研究范畴。古希腊哲学家为何如此执着地探索存在问题?我国学者李洪儒从语言哲学角度提出了颇具新意的观点:"西方形而上学得以形成的真正根源在于,作为其世界观和意识形态基础的印欧语系(Indo-European family)的语言具有区别于其他任何语言的特点,这就是'在'与'是'同一。"语言学研究指出,印欧语系是世界上分布较广的语系之一,包括英语、法语、西班牙语、俄语、波兰语等四百多种语言。形而上学发源地古希腊所使用的古希腊语以及本体论哲学蓬勃发展时期所使用的现代希腊语、拉丁语、德语等都是印欧语系语言。早在 18 世纪,历史比较语言学研究已经发现,印欧语系的绝大多数语言都是具有诸多共性的屈折语(inflected language)。随着研究的不断深入和细化，学术界获得重要发现：印欧语系绝大多数语言中的系词都有两个基本含义，即"是"和"存在"，英语 to be、德语 Sein、俄语 есть 等词都是如此。而另一方面，汉藏语系（Sino-Tibetan family）的语言则不存在这一现象。相关研究指出，在《左传》问世之前，汉语中没有"是"，"是"大概在秦末汉初才确立起来。并且，汉语中的"是"没有"在"这个含义。"在"与"是"同一意味着，说某物"是"的同时，也就给出了这个事物的本体论承诺，即此物"存在"。这是印欧语系语言的一种独特"编码方式"（coding），它使得"存在"先验地具有意义。正因为如此，形而上学家们才会不断追问"存在"本身是什么、万事万物如何"在"或"是"。从古希腊学者为何愿意追问和思考形而上学，而中国古代先哲却并不热衷于此，可以清楚地发现，语言对思维有着极其重要的影响。

语言可以分为自然语言和人工语言。自然语言是人类表达日常思维的语言，它是人们在现实生活中不断交流、不断磨合而形成的语言。自然语言通常有表达上的歧义，从而造成交流和表达的不畅。为何自然语言会具有歧义呢？主要有以下四个方面的原因。一是由人类认识世界的"二元对立"规律决定的，即人们所界定的概念，需要成对相反才能够建构。例如，人们需要同时建构"黑"与"白"两个概念，才能认识"黑"。但是，这种建构方式使得人们对世界的认识经常简单化和教条化，没有意识到在"黑"与"白"中间还存在其他形式，如"灰"；也使得不同人对"黑"和"白"的界定存在差异。这一现象早在公元前6世纪就被古希腊哲学家赫拉克利特意识到，他有一句名言："自然追求对立的东西，它是用对立的东西制造出和谐，而不是使用类似的东西。"实际上，这一思想同样为几乎同时代的中国思想家老子所阐释，其在《道德经》中同样阐发了这一思想，《道德经》中所言"有无相生，难易相成，长短相形，高下相倾，音声相和，前后相随"，表达了相同的思想。二是人们认识的发展与动态性。随着认识的深入，人们经常将旧概念赋予新含义，或者创造出与旧概念的外延存在交叉的新概念。这就使得概念之间不断产生语义纠纷。三是概念认知的隐喻性。隐喻是人们思维认知不可缺少的一部分。于是，在概念的隐喻过程中，造成了认知歧义。例如，"硬"隐喻到"硬菜"（用大块的肉类炒的菜），"老虎"隐喻到"油老虎"（指成品油价格接连飙升）等，这些隐喻都发生了一定的概念漂移，从而造成了语言歧义。除了自然语言认知方面的三个原因外，交流的语境也是造成歧义的一大原因。语境是理解自然语言的背景要素，是人们为了降低交流的成本，提高交流的效率，从而在交流中，将一些众所周知的知识和谈话前提都省略掉。语境意味着任何的语言表达和逻辑推理都具有前提假设（或预设）。很多的交流歧义，或者推理错误，都是由于忽视或者故意扭曲语境而发生的。

为了降低自然语言的歧义，人们创立了人工语言。逻辑学所运用的人工语言，称为符号语言。形式语言是一种高度抽象、严格定义的符号语言。从符号语言构造的逻辑系统，称为形式系统。随着符号语言的发展和完善，现代逻辑发展到数理逻辑，也可以称为符号逻辑。通常而言，数理逻辑包括一阶逻辑、模型论、公理集合论、递归论和证明论。数理逻辑和传统逻辑的区别在于工具语言的不同。

第三节 逻辑学发展简史

一、早期逻辑的产生与发展

逻辑学是一门古老的科学，从产生到今天，已经有两千多年的历史。早期的逻辑学有三大源头，分别是古代中国的逻辑、古印度的逻辑和古希腊的逻辑。它们向后人展示了人类探索思维形式结构的不同发展道路。

早在两千多年以前，中国的思想家就已经在世界上独立提出了逻辑学说。先秦时期是中国古代逻辑学发展的鼎盛时期。古代中国的逻辑，以墨家的"辩"为代表。例如，《墨经》中提出的"或谓之牛，或谓之非牛，是争彼也，是不俱当。不俱当，必或不当"，在逻辑学发展史上被称为后期墨家逻辑或墨辩逻辑。此外，公孙龙的"白马非马"论，也是古代中国逻辑思维的一个经典，反映了古代中国尽管没有对逻辑进行非常学理化的论述，但是很多典籍和思想都蕴含了逻辑的思维。中国古代逻辑思想主要有以下特点：一是以正名实为重点，包括以名、辞、说、辩为内容的名辩说；二是注重研究和思考如何运用"譬式"类比方法进行推论；三是逻辑思想的发展与政治伦理文化息息相关；四是与语言的关系密切，主要是不同语言形式的表达。

古印度的逻辑，以婆罗门的"正理论"，以及佛教的"因明论"为代表。尤其以"因明论"为典型代表，其包括的宗（论题）、因（理由）、喻（例证）与传统逻辑三段论中的逻辑推论非常相似，反映了古印度逻辑的成熟。因明学的发展分古、今两大阶段。无著等人的论著属于古因明的系统。无著是大乘佛教瑜伽行宗的创建者，古因明的完整论式包括宗（论题）、因（理由）、喻（例证）、合（合因、喻以证宗）、结（结论）五支做法。因明发展到成熟阶段的"定式"是三支做法，三支做法如上文所述只是包含宗、因、喻的论式。对因明做出创造性改革并将其推进到一个全新阶段的则是瑜伽行宗大师陈那，故后人均认为他是新因明学的开祖，是中世纪印度的逻辑之父。新因明学至迟于8世纪已传入我国西藏，并产生了广泛而深刻的影响。

古希腊的逻辑是传统逻辑的主要源流，对当今逻辑理论的影响较大。在亚里士多德之前，德谟克利特已经对概念进行了研究。苏格拉底也对演绎、归纳进行了阐释。柏拉图对定义、划分等都有过非常系统的论述。这些成果为后来传统逻辑的产生与发展奠定了良好的基础。

二、传统逻辑的产生与发展

人们现在所称的逻辑学，主要是指由亚里士多德开始直至莱布尼茨之前的整个逻辑类型。亚里士多德是古希腊著名的学者，其在继承前人的基础上，系统研究了逻辑学的各种主要问题，首先创立了逻辑这门科学，后人称其为"西方逻辑学之父"，或"逻辑学之父"。亚里士多德的主要逻辑著作包括《范畴篇》《解释篇》《前分析篇》《后分析篇》《论辩篇》《辩谬篇》。后来这些著作被编辑成册，命名为《工具论》。在这些论著中，他分别论述了有关概念、命题（判断）、推理、论证的方法，以及如何辩驳和诡辩方面的问题。此外，在其哲学著作《形而上学》一书中，他还系统地论述了矛盾律、排中论等逻辑规律。

在亚里士多德之后，古希腊的斯多葛学派，以及欧洲中世纪的一些逻辑学家，主要研究了假言命题、选言命题、联言命题以及由它们所组成的推理形式，并提出了相应的推理规则。例如，斯多葛学派发展了复合命题推理理论，对命题逻辑理论有了新的突破，对命题定义、命题分类、命题函项及其可定义性、命题真值等多有涉猎；在推理学说上，对推理形式的多样性、形式化方面较之早期的亚里士多德逻辑有了较大进展，在元定理、公理化方面也很有特色；此外，还对悖论做了研究，从而形成了自己比较完整的命题、推论、悖论研究体系。

17 世纪，英国哲学家培根（1561—1626 年）研究了科学归纳法问题。培根继承了文艺复兴时期一些科学家的研究成果，系统总结和研究了实验科学方法，奠定了归纳逻辑的基础，进而使之蓬勃发展。培根也被公认为归纳逻辑的奠基人和杰出代表。他对归纳逻辑的主要贡献体现在其《新工具》这部逻辑学著作中。他在《新工具》中提出整理、分析、比较等科学归纳的"三表法"，即"存在和具有表""差异表""程度表"，从而奠定了归纳逻辑的基础。19 世纪，继培根之后，近代哲学家、科学家笛卡儿、赫歇尔、惠威尔等分别对科学归纳法进行了更为深入的探讨。而后，英国哲学家、逻辑学家穆勒（1806—1873 年，又翻译为密尔）归归纳逻辑之大成，在其所著的《演绎及归纳的逻辑体系》（严复将其翻译为《穆勒名学》）一书中，进一步提炼了培根的"三表法"，将其发展成为科学归纳的五种方法：求同法、求异法、求同法求异法并用、共变法、剩余法。至此，传统逻辑的基本框架大致形成。

三、现代逻辑的产生与发展

现代逻辑，或者称之为"数理逻辑""符号逻辑"，是指由莱布尼茨奠定基本思想的注重数理和人工语言的逻辑类型。莱布尼茨（1646—1716 年）是德国著名的数学家和哲学家，早在 17 世纪末期，他就提出了用数学验算的方法来处理演绎逻辑的思想，并且提出了在自然语言之外创立一种适合演算的"通用语言"的观点。莱布尼茨的思想为现代逻辑的产生奠定了基础。莱布尼茨之后，英国数学家、逻辑学家布尔（1815—1864 年）于 1847 年建立了"逻辑代数"，这是现代逻辑的早期形式。随后，经过弗雷格（1848—1925 年）和罗素（1872—1970 年）等人的不懈努力，现代逻辑进一步系统化和完善起来。与现代逻辑所对应的分析哲学也成为这一时期主要的哲学流派。

弗雷格也是现代逻辑的重要奠基者，他推进了人们对于逻辑与数学关系的认知。弗雷格指出，作为数学基础的算术是从逻辑中推导出来的，这就是所谓的"逻辑主义"的观点。他说："算术只是进一步发展的逻辑而已，每个算术定理都是一个逻辑定律，尽管它是推导出来的。算术对解释自然现象方面的应用是对观察到的各种事实的逻辑处理。计算便是推理。"因此，拒斥心理学的数学立场也就成为弗雷格的逻辑学立场。弗雷格对现代逻辑的贡献主要体现在两个方面：一是形式语言，二是逻辑演算。在第一个方面，他认为，日常语言是表达严密思想的障碍，当所表达的关系越来越复杂时，日常语言也越来越不能满足需要。他想到要发明一种表意的语言，这就是他提出的"概念语言"。弗雷格认为，用这种语言进行推理，最有利于觉察隐含的前提和有漏洞的步骤，这种语言与日常语言相比，就好像显微镜和肉眼的区别一样。他认为，发明这种语言本身就是逻辑学的进步。在第二个方面，弗雷格在逻辑演算中引入量词，建立了一个以否定和蕴涵为基本联结词的逻辑演算系统，包括命题演算和谓词演算。弗雷格以后，现代逻辑发展出逻辑演算、证明论、公理集合论、递归论和模型论五大分支学科，它们被统称为数理逻辑（mathematical logic）。后来，逻辑学家把量词的作用范围从个体扩大到谓词，又发展出高阶逻辑（high-order logic）。以上这些逻辑理论被总称为经典逻辑（classical logic），其基本特征是二值和演绎。因为经典逻辑来源于弗雷格的逻辑思想，经典逻辑又是现代逻辑的基础，所以，弗雷格被称为"现代逻辑之父"。

四、当代逻辑的产生与发展

经典逻辑关注的是论证的语义和语形维度，从而在根本上忽略了语用维度，导致逻辑与真实论证分析和评价之间出现了一个"语用空缺"，因而，以自然语言论证为研究对象的非形式逻辑、语用论辩术等以非形式论证为研究对象的理论，便应运而生。这为当代逻辑的产生奠定了基础。

在哲学起源上，当代逻辑可以追溯到维特根斯坦的语言哲学。其对人工语言的剖析，动摇了现代逻辑的哲学基础。当代逻辑是正在形成和发展的逻辑类型，其可以追溯到20世纪六七十年代，是从美国、加拿大一些逻辑学家对传统形式逻辑的反思和批判基础上发展而来的。其中，美国的逻辑学家卡亨（H. Kahane，1928—2001年）和加拿大的约翰逊（H. Johnson）是其代表人物。这些逻辑学家发现传统逻辑在教学上并不能有效地提升学生的逻辑思维能力，也难以对现实的论证提出可信和有效的论证及评价。在卡亨与约翰逊等人的推动下，非形式逻辑应运而生，形成了和传统的形式逻辑截然不同的分析思路。其将具体的情景分析拉回逻辑，注重语用，使得批判性思维成为当代逻辑的重点。

当代逻辑开始注重概率逻辑。当代的概率逻辑认为传统逻辑的"真""假"只是概率的极端形式，"真"为概率"1"，"假"为概率"0"。而这两种形式在现实中都是少数，大部分是处于"1"和"0"之间的其他数值。因此，传统逻辑就预设了一些推理语境：大部分的推理假定，不能达到概率"1"时，就结论为"假"。这种逻辑推理使得逻辑理论处于较狭窄的地位。当代逻辑拓展了传统逻辑的认知，从而更贴近现实。

此外，当代逻辑提出了数理逻辑的弊端。例如，他们发现"如果—则"与数理上的实质蕴涵还是存在差异的，其更应该定义为条件陈述，从而提出逻辑应该更加注重"语义逻辑"和"批判性思维"。当代逻辑被冠以"非形式逻辑"，它实际还有很多的概念称谓。"实践逻辑""实质逻辑""意义逻辑""自然逻辑""批判性思维""论证哲学""论证逻辑""非形式推理的逻辑"，等等，都可以大致等同于当代逻辑。其提出要从假设、加强、削弱、评价等方面，深化对论证和推理的逻辑认知。非形式逻辑，其所提出的逻辑核心技能包括解释（归类、理解重要性和澄清意义）、分析（审查观念、识别论证和分析论证）、评估（评估主张和评估论证）、推论（质疑证据、推测不同可能和得出的结论）、说明（陈述结果、证明程序的正当性和表达论证）以及自校准（自我审查和自我校正）。

当代逻辑还体现在逻辑与心理的交融上。在维特根斯坦的语言游戏论、乔姆斯基的心理主义语言学和认知科学中涉身因素的共同影响下，心理学与逻辑学重新交融在一起，心理因素重新进入逻辑学的研究领域，并形成了心理逻辑学。心理逻辑学是逻辑学与心理学（特别是认知心理学）交叉产生的新兴学科。心理逻辑不仅是对演绎逻辑的挑战，也是对过去一个世纪以来所发展的逻辑理论的挑战，甚至是对过去两千年来所有逻辑理论的挑战。弗雷格以后，特别是20世纪50年代以后，人们不得不思考在人的认知活动中，逻辑思维到底与心理因素有没有关系，如果有，又是一种什么关系。自20世纪70年代中期认知科学建立以来，这个问题已经有了肯定的答案，逻辑学终于发展到了一个新的转折点——它要与过去被它拒之门外的心理学重新握手言和。人们可以把在以上发展背景下产生的心理逻辑划归到认知逻辑和认知科学的范畴。今天，逻辑学面临的真正挑战来自认知科学，因为认知科学的原则打破了过去两千年来逻辑学独断的梦想。逻辑学是与人无关的，所以，它适用于一切人；正由于它适用于一切人，因此它又是理性思维的裁判。

今天，笼罩在逻辑学头上的这些光环都不复存在了。逻辑学在人类认知活动中究竟应该居于何种地位，这是一个值得认真思考的问题。逻辑学必须回答新的问题，应对新的挑战，寻找新的出路。须知，过去五十年，过去一百年，过去两千年以来，逻辑学正是在回答各种新问题、应对各种新挑战的过程中得到发展的。

本章小结

1. 逻辑学是一门研究思维的形式结构及其规律的科学。它具有一个庞大而又多层次的学科体系，可以分为形式逻辑和辩证逻辑两大门类。通常而言，逻辑学是指形式逻辑。形式逻辑又可以分为传统形式逻辑和现代形式逻辑。传统形式逻辑也称普遍逻辑，主要包括以演绎推理为基本内容的演绎逻辑，以及以归纳推理和类比推理为基本内容的归纳逻辑。

2. 逻辑学把思维形式作为自己特殊的研究对象，其研究对象可以分为三个层次：思维、思维的形式结构、思维形式结构的规律。

3. 逻辑学与语言和思维之间存在密切的关系。逻辑学家们把符号学研究的语义、语形和语用方法引入逻辑之中，形成了研究形式语言的逻辑语义学、逻辑语形学和逻辑语用学。

4. 逻辑学是一门古老的科学，从产生到今天，它已经有两千多年的历史。其发展可以划分为早期逻辑的产生与发展、传统逻辑的产生与发展、现代逻辑的产生与发展、当代逻辑的产生与发展。

复习思考题

一、思考题

1. 逻辑学的研究对象是什么？
2. 逻辑与语法具有何种关系？
3. 当代逻辑与现代逻辑的差异在哪里？
4. 你如何认识感性和理性的关系以及心理学和逻辑学的关系？

二、填空题

1. 思维的逻辑形式是由两部分构成的，即（　　　）和（　　　）。其中，区别不同类型逻辑形式的依据是（　　　）。
2. 在"只有p，才q"中，变项是（　　　），常项是（　　　）。
3. 被称为"西方逻辑学之父"的是古希腊的（　　　），被称为"现代逻辑学之父"的是（　　　）。

三、选择题

1. "如果天下雨，那么地上会湿"与"只有完成作业，才能出去玩"，这两个命题的逻辑形式不同，因为（　　　）。
   - A．思维的内容不同
   - B．逻辑常项不同
   - C．逻辑变项不同
   - D．语言表达不同

2. 在同一思维过程中，任何一种思想必然与其自身同一，这是（　　　）。
   - A．同一律
   - B．矛盾律
   - C．排中律
   - D．充足理由律

3. "所有的S都是P"与"有的S不是P"，这两个命题（　　　）
   - A．逻辑常项相同但变项不同
   - B．逻辑常项不同但变项相同
   - C．逻辑常项与变项均相同
   - D．逻辑常项与变项均不同

四、思维拓展题

1. "所有的金属都是导电的"与"并非有的金属不是导电的"这两个命题的含义是一样的吗？
2. "所有的金属都是导电的，铜是金属，所以，铜是导电的"与"所有的金属都是导电的，铜是导电的，所以，铜是金属"这两个推理都是正确的吗？
3. "只有学习了逻辑学的人，才可以做大学老师"与"如果是大学老师，则一定学过逻辑学"这两个命题的逻辑含义是一样的吗？
4. "如果你是大学老师，那么你一定学过逻辑学"与"或者你不是大学老师，或者你一定学过逻辑学"这两个命题的逻辑含义是一样的吗？
5. 近年，在对某大都市青少年犯罪情况的调查中发现，失足青少年中 24% 都是离异家庭的子女。因此，离婚率的提高是造成青少年犯罪率提高的重要原因。请问，如果每个离异家庭都有子女，那么十多年前该大都市的离婚率越高还是越低，更能支持这一结论？

6. 研究发现，"越是献血的人，越是健康"。请问如何质疑这一结论？

上述6个问题均是这本教材能够回答的。请大家先行思考，后续的章节内容将陆续展示上述问题的答案和揭示其内在逻辑。

本章参考答案

第二章 概 念

本章重点

- 掌握概念内涵和外延的含义。
- 掌握概念的种类划分,重点理解集合概念与非集合概念的区别。
- 掌握概念间的关系,并学会用欧拉图方式表达。
- 掌握概念定义的规则、划分的规则。
- 理解概念与语词的关系。
- 理解划分的定义与方法。
- 了解概念的概括与限制。

导语

概念是反映对象本质属性或特有属性的思维形式,是逻辑认知的起点。任何的概念都有内涵和外延。概念是由语词表达的,但是并非任何的语词都表达概念。概念按照不同的标准,可以划分为不同的种类。概念按照外延关系的不同,可以划分为五大类关系、六小类关系。定义是明确概念内涵的逻辑方法,也就是揭示其本质属性的逻辑方法,它由被定义项、定义项和定义联项构成。划分是揭示概念外延的逻辑方法,它由三个要素构成,即划分的母项、划分的子项和划分的标准。在定义和划分中,需要遵循它们各自的逻辑规则。概念的限制,是通过增加概念的内涵,进而缩小其外延的逻辑方法。概念的概括,是通过缩小概念的内涵,进而扩大其外延的逻辑方法。

第一节 概念的概述

一、概念的含义

如第一章所述,逻辑是研究思维的形式及其规律的科学。要研究逻辑,首先要从概念出发。概念是思维形式最基本的组成单位,是构成命题、推理的要素。当人们将表象概括为概念的时候,其认识就从感性认识过渡到了理性认识。因此,在研究命题、推理之前,必须首先研究概念。

概念(conception)是反映对象本质属性或特有属性的思维形式。任何对象都具有属性。不具有任何性质,不存在于一定关系中的客体,不能成为人们思考的对象。对象的属性是对对象的性质和对象之间关系的统称。"属性"一词有很多与之相似的词，例如，"性质""特性""特征""特点""本质"等。而"属性"是逻辑学上最为普遍使用的概念。

如果对象的某种属性，仅为其中部分成员所具有，而不为全部成员所具有，则称为该类对象的偶有属性。如果某种属性，为该类对象全部成员所具有，则称为该类对象的固有属性。而本质属性或特有属性，是一类对象共同具有，且仅为该类对象所具有的属性。例如，对于"人"这个对象，其"白色且健美"的属性，仅为一部分人所具有，这就是偶有属性。其"能呼吸且行走"的属性，尽管为所有人所具有，但是其他的动物也具有，这就是固有属性。其"能制造并熟练使用工具进行劳动"的属性，为所有人所具有，并且仅为人所具有，这就是本质属性。

对象的本质属性，并不是一成不变的，它是人们在认识世界的过程中，逐渐提炼和形成的。因此，概念的形成过程，既是对感性材料进行加工的过程，又是一个认识不断深化的过程。人们对概念的本质属性的认识，可能在不同的历史阶段，有着不同的解读。例如，上述概念"人"的本质属性，其认识就经过了一个不断深化的过程。在早期，柏拉图曾经提出："人是没有羽毛、两腿直立行走的动物。"显然，这没有很好地揭示人这一概念的本质属性。随着生产力的发展，人们认知水平的提高，人们对"人"的本质属性的认识不断深化。现在，人们提炼出"人是能够制造并熟练使用工具且会思考的高级动物"这一更为科学的定义，从而使得其本质属性的提炼更为科学。

二、概念的内涵与外延

概念反映对象的本质属性或特有属性，同时又反映具有这种本质属性或特有属性的对象。这两个方面构成了概念的两个基本的逻辑特征：内涵和外延。

概念的内涵是指概念所反映的事物的本质属性或特有属性，也就是人们通常所说的概念的含义。任何概念都具有内涵。事物的本质属性或特有属性是客观的，这种客观存在的本质属性或特有属性一旦被人们认识并反映在概念中，就构成了概念的内涵。概念的内涵与事物的本质属性或特有属性是反映与被反映的关系。

事物的本质属性或特有属性并非是单向的，而是多形态的，概念的内涵也是如此，可能是多项、复合的。例如，"人"的内涵就包括了"制造工具""使用工具""会思考"等几个方面。

概念的外延是指具有概念所反映的本质属性或特有属性的对象，它是反映在概念中的一个个、一类类的事物，或者说，概念的外延是概念所反映的对象类。例如，"人"这个概念的外延，"男人""女人""中国人""老人"等都是其外延的分子。概念的外延，既可以是一个事物，如"北京"，也可以是无数个事物，如"城市"。

概念的外延的最低层次是分子、个体，不能任意扩展至分子、个体的组成部分。例如，"松树"是"树"这一概念的外延，但是"松树的树冠"就不是"树"这一概念的外延。

任何概念都有内涵和外延，概念的内涵规定了概念的外延，概念的外延也影响着概念的内涵。一个概念的内涵越多（即一个概念所反映的事物的特性越多），那么，这个概念的外延就越少（即这个概念所指的事物的数量就越少）；反之，如果一个概念的内涵越少，那么，这个概念的外延就越多。因此，概念的内涵与外延成反比关系。当某一概念内涵被确定后，其外延也就相应地被确定；如果对概念内涵的理解有所不同，对其外延的认识也就随之有所不同。例如，如果把"商品"解释为"通过货币交换的劳动产品"，这样就会将通过物物交换方式的劳动产品排除在商品之外；如果将"商品"解释为"用现金交易的劳动产品"，那么就会将用支票、信用卡、支付宝等方式交换的劳动产品排除在商品范围之外。从这个意义上而言，概念内涵的确定（即概念的定义），对于认识概念至关重要。反之，外延确定后，内涵也会相应地确定下来。

概念的内涵和外延必须明确，否则会闹笑话。例如，某小学老师对学生进行思想品德教育时，讲到"给予胜于接受"。一个学生即抢着说："是的，我爸爸在工作中总是努力给予别人，竭力避免接受。"老师说："太好了，向你爸爸学习。顺便问一句，他是干什么工作的？"学生说："拳击运动员。"

当然，概念的内涵和外延的明确也是相对而言的，即在一定条件下，概念的内涵和适用范围是确定的。而随着客观事物的变化和人们的认识的不断深化，其概念的内涵和外延是可以发生变化的。因此，任何概念的内涵和外延都是确定性与灵活性的统一。概念内涵与外延的确定性，是指在一定条件下含义和适用范围是确定的，不能任意改变或混淆不清。概念内涵与外延的灵活性，是指在不同条件下，随着客观事物的变化和人们认识的不断深化，概念的含义、适用范围是可以变化的。否定了概念的确定性，就会造成逻辑思维混乱，无法正常沟通交流，滑向相对主义与诡辩；而否定概念的灵活性，则会造成思想的僵化，滑向教条主义与形而上学。

三、概念与语词的关系

概念是思维的结晶，而语词是表达概念的声音与符号，是概念的语言表达方式。概念与语词紧密相连，不可分割。一方面，概念的形成和存在都依赖于语词，任何的概念都是用语词来表达的，不存在离开语词的概念。另一方面，如果离开了相应的概念，语词也就成了毫无意义的符号。

近十余年，随着认知科学的发展，人们进一步认识到语词与概念之间内的相互塑造关系：不同的语词表达形塑了不同的逻辑思维，不同的逻辑思维和概念建构也形塑了不同的语词语形和语义。

尽管概念与语词存在密不可分的关系，但是两者还是存在差异的。两者的区别在于：

第一，概念是思维形式，而语词是语言形式。概念是主观对客观世界的反映，而语词不是反映形式，它只是借助声音、符号等来表达概念的形式。不同的民族有不同的语词，这些不同的语词，可以表示相同的概念。例如，汉语里面用"书"这一语词来表示书的概念，而英语则用"book"这一语词来表示这一概念。

第二，任何概念都需要借助语词来表达，但是并非任何的语词都表达概念。例如，"啊"

"哈"等语词就不表达概念。一般而言，不能独立充当句子成分的虚词，如副词、介词、连词、助词、叹词等都不表达概念。

第三，同一概念可以用不同的语词来表示。例如，"土豆"与"马铃薯"，"番茄"与"西红柿"，"地瓜"与"红薯"等，都是用不同的语词来表示相同的概念。多语词表示同一概念，在任何的语言中都是普遍存在的现象。它增加了人们选择语词的机会，从而使得表达更富有文采。但是也对人们使用语词的恰当性、准确性等提出了更高的要求。

第四，同一语词在不同情况下可以表达不同的概念。在不同的语境之下，相同的语词可以表达不同的概念。这又可以细分为三种情况。一种是形成完全不同的概念，例如，英语里的"bank"，既可以表达"河岸"的概念，也可以表达"银行"的概念。另一种情况则是形成相近的概念，但是内涵与外延又存在差异。例如，"人"这一语词，"人各有志"泛指每个人，"长大成人"特指成年人，"人老珠黄"特指妇女。还有一种情况是概念看似相似，但是它们的概念属性是不一样的。例如，"鲁迅的著作不是一天能读完的"和"《孔乙己》是鲁迅的著作"两个语境中的"鲁迅的著作"这一语词，就表示了不同的概念。前者是集合概念，后者是非集合概念，概念的属性不一样，是不同的概念，这就需要更为细致地去分析。

第二节 概念的种类

按照不同的划分标准，概念可以划分成不同的种类。

一、单独概念和普遍概念

根据概念外延的大小，即概念所反映对象数量的不同，概念可以划分为单独概念和普遍概念。

单独概念是反映独一无二的对象的概念，单独概念的外延只包含一个分子，即只有一个外延的概念。例如，"北京""鲁迅""长江""太阳"等都是单独概念。当然，除了这些专有名词来表示单独概念，一些摹状词也可以表示单独概念。例如，"中华人民共和国的首都""《孔乙己》的作者""中国最长的河流"等都可以表示单独概念。

普遍概念是概念的外延包含的分子多于一个，即有两个或两个以上分子外延的概念。例如，"城市""作家""河流""恒星"等都是普遍概念。语词中的普通名词都是表达普遍概念的。

在单独概念和普遍概念之外，有的逻辑学家认为还有另一类概念，叫作"空概念"或者"虚概念"。所谓空概念，是指概念外延不包含分子，即外延为零的概念。当然，空概念并非没有外延，而是外延的分子为零。空概念既可以是单独概念，如"佛祖""菩萨"，也可以是普遍概念，如"永动机"。空概念既可以用专有名词表述，也可以用词组或摹状词表述，如"没有任何缺点的人"。

二、集合概念和非集合概念

根据概念所反映的对象是否为集合体，可以将概念分为集合概念和非集合概念。集合体是由许多个体组成的统一体。集合体所具有的属性，只为该集合体所具有，而不被组成该集合体的个体所具有。

集合概念是以集合体为反映对象的概念。例如，"森林"所反映的是一个集合体，它是由一棵棵树构成的，但是它所具有的性质，是组成森林个体的树所不具有的。森林具有调节气候、形成生态系统的性质，而它的个体（一棵树）就不具有，因此，"森林"是集合概念。其他如"花卉""炮群""丛书""中国共产党"等概念都是集合概念。

非集合概念是以非集合体为反映对象的概念。例如，"树"所反映的就是一个非集合体，因为每一棵树都具有树所具有的属性。其他如"花""炮""书""中国共产党党员"等概念都是非集合概念。

同一个概念，在不同的语境之下，可以是集合概念，也可以是非集合概念。

例如：

(1)"<u>鲁迅的著作</u>不是一天能读完的"；

(2)"《孔乙己》是<u>鲁迅的著作</u>"。

两个语境中的"鲁迅的著作"概念，前者是集合概念，而后者就是非集合概念。严格意义上而言，要判断一个概念是集合概念，还是非集合概念，都要结合具体语境。例如，上述的"森林"是集合概念，那是人们在相对于"树"的语境之下而言的。但是，如果将其相对于"亚马孙雨林"这一概念的语境之下而言，"森林"就是非集合概念。

集合概念反映集合体与个体的关系，而非集合概念反映类与分子的关系。两者的一个区分方法是采用肯定表述的方法，如果采用肯定表述，不符合现实，就是集合概念；如果符合现实，就是非集合概念。例如，"树是森林"这一表述，显然不符合现实，因此"森林"是集合概念。而"松树是树"这一表述，就符合现实，因此"树"是非集合概念。

三、正概念和负概念

根据概念所反映的对象具有还是不具有某种属性，可以将概念分为正概念和负概念。

正概念，也称为肯定概念，是指反映对象具有某种属性的概念。例如，"正当竞争""国有企业""健康"等都是正概念。

负概念，也称否定概念，是指反映对象不具有某种属性的概念。例如，"不正当竞争""非国有企业""不健康"等都是负概念。

负概念总是相对于某个特定的范围而言的，即在逻辑上必须是该概念的论域。例如，"不正当竞争"的论域是指正当竞争之外的竞争，"非国有企业"是指国有企业之外的企业。

负概念的语词前面一定带有"无""不""非"等否定词，但是，并非前面带有否定词的就一定是负概念。通常而言，判断一个概念是否是负概念，可以将概念前面的否定词去掉。如果去掉否定词，这一概念成立，就是一个负概念；如果不成立，就不是一个负概念。例如，"无锡""不丹""非洲""无线电"等前面有否定词，但是它们不是负概念，而是正概念。

四、实体概念和属性概念

根据概念所反映的对象属性的多少，可以将概念分为实体概念和属性概念。

实体概念又称具体概念，所反映的对象是实体。例如，"红旗""汽车"等概念。相比属性概念，实体概念一般反映了对象的多条属性。

属性概念反映的对象是属性。例如，"红""聪明"等概念。属性概念一般只是反映概念的一条属性。属性概念又可以进一步细分为性质概念和关系概念。例如，"美丽"是性质概念，"等于"是关系概念。

实体概念通常用具体名词表达，而属性概念一般用抽象名词或者形容词表达。

第三节　概念间的关系

逻辑学一般从概念的外延之间的关系来认识与概念之间的关系。概念间的关系，从宏观上而言，可以分为相容和不相容两大类。进一步细分的话，可以分为全同、包含、包含于、交叉和全异五种关系。其中，全异关系又可以细分为矛盾关系和反对关系。因此，概念间的关系，从宏观上而言，可以分为两类关系；从中观上而言，可以分为五种关系；从微观上而言，可以分为六种关系。

逻辑学一般用图解的方式来表达概念间的关系，由于这种图解是由数学家欧拉提出的，所以称为欧拉图解。

一、全同关系

全同关系是指两个概念的外延完全重合的关系。设有 A、B 两个概念，如果所有的 A 都是 B，所有的 B 都是 A，那么 A 与 B 之间的关系就是全同关系。例如，"北京"与"中华人民共和国首都"、"等边三角形"与"等角三角形"就是全同关系。全同关系的欧拉图解如图 2-1 所示。

全同关系的外延是完全相同的，但是内涵并不一定完全相同。有的全同关系的两个概念的内涵可以完全相同，如"番茄"与"西红柿"。有的内涵可以存在很大差异，如"三月八日"与"国际劳动妇女节"。掌握全同关系，可以在有关表述中变换使用具有全同关系的不同概念，以便于从多个方面揭示同一对象的丰富内涵。

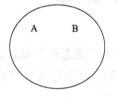

图 2-1　全同关系

二、包含关系

包含关系，又称为属种关系，是指一个概念的部分外延与另一个概念的全部外延相重合的关系。设有 A、B 两个概念，如果所有的 B 都是 A，但是有的 A 不是 B，那么 A 与 B 之间的关系就是包含关系。例如，"人"与"男人"、"国家"与"中国"就是包含关系。包含关系的欧拉图解如图 2-2 所示。

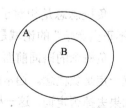

图 2-2　包含关系

三、包含于关系

包含于关系，又称为种属关系，是指一个概念的全部外延与另一个概念的部分外延相重合的关系。设有 A、B 两个概念，如果所有的 A 都是 B，但是有的 B 不是 A，那么 A 与 B 之间的关系就是包含于关系。例如，"男人"与"人"、"中国"与"国家"就是包含于关系。包含于关系的欧拉图解如图 2-3 所示。

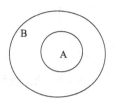

图 2-3 包含于关系

在包含关系和包含于关系中，都有一个外延较大的概念和一个外延较小的概念。外延较大的概念叫作属概念，外延较小的概念叫作种概念。属概念与种概念的关系是相对而言的。例如，"人"相对于"动物"而言，是种概念，但是相对于"男人"而言，就是属概念。

四、交叉关系

交叉关系是指一个概念的部分外延与另一个概念的部分外延重合，而一部分外延与其外延不重合的关系。设有 A、B 两个概念，如果有的 A 是 B，但是有的 A 不是 B，那么 A 与 B 之间的关系就是交叉关系。例如，"男人"与"中国人"的关系就是交叉关系。交叉关系的欧拉图解如图 2-4 所示。

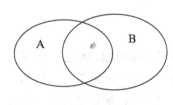

图 2-4 交叉关系

全同关系、包含关系、包含于关系与交叉关系，都是两个概念之间至少存在部分外延重叠，因此，称之为相容关系。

五、全异关系

全异关系就是指两个概念的外延没有任何部分重合的关系。设有 A、B 两个概念，如果所有的 A 都不是 B，所有的 B 都不是 A，那么 A 与 B 之间的关系就是全异关系。例如，"男人"与"女人"的关系就是全异关系。全异关系的欧拉图解如图 2-5 所示。

全异关系又可以进一步细分为反对关系和矛盾关系两种。

反对关系是指具有全异关系的两个概念，其外延之和没有穷尽它们属概念的全部外延，那么这两个概念就是反对关系。设有 A、B 两个全异关系的概念，它们同属于 C 概念。如果 A 与 B 的概念之和小于 C 的全部外延，那么 A 与 B 就是反对关系。例如，"红色"和"黄色"的关系就是反对关系。反对关系的欧拉图解如图 2-6 所示。

矛盾关系是指具有全异关系的两个概念，其外延之和穷尽它们属概念的全部外延，那么这两个概念就是矛盾关系。设有 A、B 两个全异关系的概念，它们同属于 C 概念。如果 A 与 B 的概念之和等于 C 的全部外延，那么 A 与 B 就是矛盾关系。例如，"男人"和"女人"的关系就是矛盾关系。矛盾关系的欧拉图解如图 2-7 所示。

全异关系，或者说反对关系和矛盾关系，就是不相容关系。根据某种语境，不相容概念有一个确定的属概念，称为论域。

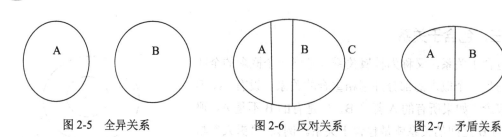

图 2-5　全异关系　　　　图 2-6　反对关系　　　　图 2-7　矛盾关系

第四节　概念的定义

一、定义的含义和构成

概念所具有的思想是隐含的，要通过陈述加以断定，此种陈述称为概念陈述。一个概念陈述如果断定了相关概念的固有属性，则是适当的；否则是不当的。在适当的概念陈述中，如果断定了相关概念的本质属性，则称为定义。

因此，定义是明确概念内涵的逻辑方法，也就是揭示其本质属性的逻辑方法。通过定义，可以明确这个概念所反映的对象的特点和本质。例如，"生产关系是指人们在生产过程中所发生的社会关系"。

定义由被定义项、定义项和定义联项三部分组成。

被定义项就是被揭示内涵的概念，定义项就是用来揭示被定义项内涵的概念，定义联项就是将被定义项和定义项连接起来的概念，一般固定在"是"或者"就是"上。例如，在"人是能够制造并熟练使用工具且会思考的高级动物"这一定义中，被定义项是"人"，定义项是"能够制造并熟练使用工具且会思考的高级动物"，而定义联项是"是"。

二、定义的方法

（一）实质定义

实质定义，也就是属加种差定义法，这是给概念下定义最常用的定义方法，即通过揭示被定义项邻近属概念和种差，进而明确概念内涵的定义。其公式表述如下：

被定义的概念＝种差＋邻近的属概念

所谓种差，是指被定义概念与同属的其他种概念之间的差别。例如，在上述给"生产关系"这个概念下定义时，"社会关系"是属概念，"人们在生产过程中所发生"这一性质，就是区别生产关系和一切其他社会关系的种差。种差需要体现作为种概念的被定义项与同一属概念下其他种概念之间的根本差异。

邻近的属概念，可能存在好几个，可以根据具体情况而适当选择。例如，定义"逻辑学"，可以选择"科学"，也可以选择"社会科学"。

实质定义又可以细分为性质定义、功能定义、关系定义和发生定义。实质定义是最为常用的一种定义方法，但是它也存在局限性。对于单独概念和某个领域的范畴概念，就不可以对它们给出属加种差的定义。这是因为单独概念无法寻找出和它相比较的种概念而揭示种差，而范畴概念则无法寻找出涵盖它的属概念。实质定义种类的不同，主要是种差的性质不同而引发的。有时种差有关功能，其相应的定义称为功能定义，如"语言是用来表达思想的工具"。有时种差涉及过程，相应的定义称为发生定义。

（二）语词定义

语词定义是一种特殊的定义方法，它通过说明或规定语词的意义来揭示概念的内涵。因此，语词定义又可以细分为规定的语词定义和说明的语词定义。

规定的语词定义，就是给语词人为的规定和附加意义。规定的语词定义，只有合适与不合适之分，没有真与假之分。例如，"成年人是指年满18周岁的人"就是规定的语词定义。

说明的语词定义，是指对语词一定确定的意义加以说明。这一定义主要是对罕用语词进行解释。说明的语词有真与假之分。例如，"囹圄是监狱"的定义是真，而"囹圄是学校"的定义为假。

三、定义的规则

要给概念下一个正确的定义，除了需要掌握有关的具体知识，还需要遵循一定的逻辑规则。通常而言，为了使定义下得正确，必须遵守以下规则。

（1）定义的概念的外延和被定义的概念的外延必须完全相等，即被定义项与定义项的外延必须是全同关系。否则，就犯了"定义过宽"或"定义过窄"的逻辑错误。

（2）定义的概念中不得直接或间接地包含被定义的概念。否则，就犯了"循环定义"或"同语反复"的逻辑错误。

（3）定义不应包括含混的概念，不能用隐喻。否则，就犯了"定义含混"或"以比喻做定义"的逻辑错误。采用一些晦涩难懂，其定义项的概念认知还没有被定义项高的一些语词，如在"信息是来自母宇宙族群模式基因的世界生元"的定义中，就犯了"定义含混"的逻辑错误。再如，"儿童是祖国的花朵"也不是一个正确的定义，它犯了"以比喻做定义"的逻辑错误。

（4）一般而言，定义应当是肯定的。否则，就犯了"定义否定"的逻辑错误。定义不应当是否定的，既包括定义联项不应该使用"不是"，也包括定义项不应该是否定形式，即不应该是负概念。

当然，这一规则并非是完全的，对于一些负概念，如果无法通过肯定的定义，可以使用恰当的否定形式。例如，"亚健康是非病非健康的健康状态"，就是一个没有违反逻辑规则的定义。

除了上述最重要的四条规则外，定义的规则还包括"定义项的概念认知度要高于被定义项""被定义项要恰当归类"。违反第一条，会犯晦涩定义的逻辑错误，而违反第二条，则会犯归属不当的逻辑错误。

例题 2-1

"平反是对处理错误的案件进行纠正。"

以下哪项最为确切地说明上述定义的不严格？（　　）

A．对案件是否处理错误，应该有明确的标准

B．应该说明平反的操作程序

C．应该说明平反的主体及其权威性

D．对平反的客体应该具体分析。平反了，不等于没错误

E．对原来重罪轻判的案件进行纠正不应该称为平反

例题 2-2

甲：什么是生命？

乙：生命是有机体的新陈代谢。

甲：什么是有机体？

乙：有机体是有生命的个体。

以下哪项与上述对话最为类似？（　　）

A． 甲：什么是真理？

乙：真理是符合实际的认识。

甲：什么是认识？

乙：认识是对外界的反映。

B． 甲：什么是逻辑？

乙：逻辑是研究思维形式结构的规律的科学。

甲：什么是思维形式结构的规律？

乙：思维形式结构的规律是逻辑规律。

C． 甲：什么是命题？

乙：命题是用语句表达的判断。

甲：什么是判断？

乙：判断是对事物情况有所断定的思维形式。

D． 甲：什么是人？

乙：人是有思想的动物。

甲：什么是动物？

乙：动物是生物的一部分。

通过概念的定义，准确地把握概念的外延以及适用范围，是逻辑学学习的一个重要内容，也是逻辑能力、理性思维提升的重要维度。

例题 2-3

谋杀：当一个人不但企图造成另一个人的死亡，而且也造成了这个人的死亡，或是由于一个人的行为，明明知道其正做着一件可能造成另外的人被杀死的危险的事情，其仍然不顾别人生命而造成他人的死亡。

根据以上定义，下面哪种行为是典型的谋杀？（　　）

A．于力清与妻子发生争吵，打了她一巴掌，为的是不让她再哭，不巧将她打倒，她在倒下时，头碰在地板上，后来由于头部受伤而死亡

B．一位老人得了一种绝症，不能忍受痛苦，请求护士给他服用致死剂量的安眠药，这个护士非常同情老人，就给了他，结果老人死亡

C．曾宪以每小时25公里的速度在拥挤的公路上驾车行驶，一不留神，他失去了对汽车的控制，撞上另外一辆汽车并引起爆炸，造成同车的赵某死亡

D．汤啸是动物园管理员。有一次，他打扫完老虎的笼子，忘了锁门就离开了，结果老虎从笼子里跑出来，咬死了一名游客

第五节　概念的划分

一、划分的含义与构成

定义是揭示概念内涵的逻辑方法，而划分是揭示概念外延的逻辑方法，它将属概念所包含的种概念揭示出来，从而明确概念的外延。

划分由三个要素构成，即划分的母项、划分的子项和划分的标准。划分的母项，也就是划分的属概念。划分的子项，也就是划分的种概念。划分的标准，也称为划分的根据。与划分的母项和划分的子项不同，划分的标准是隐含着的。例如，在"人分为男人和女人"的划分中，"人"是划分的母项，"男人"和"女人"是划分的子项，而"性别"则是隐含着的划分的标准。

划分可以有多种类型。划分可以分为一次划分和连续划分。一次划分就是只包含一层母项和子项的划分，如"人分为男人和女人"的划分。而连续划分则是把母项划分为若干子项后，再将一定的子项作为母项继续划分。划分还可以分为二分法和非二分法。二分法是将母项分为两个子项的划分，通常将其子项分为具有矛盾概念的两个正概念和负概念。而非二分法则是将母项分为两个以上子项的划分。

划分还包含两种特殊形式：分类与列举。分类，也称为归类，是根据对象的本质属性或显著特性所进行的划分。任何的分类都是划分，但是并非任何的划分都是分类，因为很多划分不是依据对象的本质属性进行的。列举以对象一定的属性为依据，只是列出母项的部分子项的划分。列举一般带有"主要有""等等""之一"等字样。

二、划分的规则

要做出正确的划分，除了需要掌握划分的构成和类型外，还需要遵循以下规则。

（1）划分后的子项之和必须等于母项，即子项之和与母项必须是全同关系。否则，就犯了"划分不全"或"多出子项"的逻辑错误。

例如，"生物包括动物和植物"就不是一个正确的划分，因为生物还包括微生物，这就

犯了"划分不全"的逻辑错误。

（2）划分必须按照同一标准，否则，就犯了"划分标准不同一"的逻辑错误。

例如，"人分为男人、中国人、老人"就不是一个正确的划分，因为划分的标准不同一，前者按照性别，中间按照国别，而后者按照年龄。

（3）划分后的子项须互不相容，否则犯了"子项相容"的逻辑错误。

例如，把"战争划分为常规战争和世界战争"，就犯了"子项相容"的逻辑错误，因为第一、第二次世界大战就既是常规战争，也是世界战争。

（4）各子项须是同一层次的概念，否则，就犯了"子项不当并列"的逻辑错误。

例如，将"科学"划分为"数学、物理、化学……社会科学和思维科学"，就犯了"子项不当并列"的逻辑错误。

需要注意的是，划分与列举不同，列举只是划分的类特殊形式，其区别表现在：划分是以对象一定的属性作为根据，列出母项的全部子项；而列举则是以对象的一定属性作为根据，只是列出母项的部分子项。例如，"太阳系的行星包括水星、金星、火星、地球、木星等九大行星"，就是一个列举。

例题 2-4

我最爱阅读外国文学作品，英国的、法国的、古典的，我都爱读。

上述陈述在逻辑上犯了哪项错误？（　　）

A．划分外国文学作品的标准混乱，前者按照国别，后者按照时代

B．对外国文学作品，没有分诗歌、小说还是戏剧

C．没有说最喜好什么

D．没有说外文原版还是翻译本

E．在"古典的"后面，没有紧接着指出"现代的"

例题 2-5

某企业需要对职工的年龄做一个统计，为优化劳动组合做参考。张、李、王三个同志各设计出了一张统计表格。

张同志设计的表格中，把职工的年龄分为 10～20 岁，20～30 岁，30～40 岁，40～50 岁，50～60 岁，60～70 岁。

李同志设计的表格中，把职工的年龄分为 20 岁（不含 20 岁）以下，20～34 岁，35～54 岁，55 岁以上。

王同志设计的表格中，把职工的年龄分为 20 岁以下，20～29 岁，30～39 岁，40～49 岁，50～60 岁，60 岁以上。

对他们设计的表格，正确的结论是（　　）。

A．三人都正确　　　　B．王同志正确

C．李同志正确　　　　D．张同志正确　　　　E．三人都不正确

三、划分与分解

在明确划分的逻辑认识中，还需要注意划分和分解的区别。划分是将属概念分为种概念，而分解是把整体分为部分。例如，"人分为男人和女人"是划分，而"人分为头、身躯和四肢"就是分解。

区别划分和分解的一个逻辑方法，可以采用肯定断定的方法。如果用"……是……"成立，则是划分；而"……是……"不成立，那么就是分解。例如，"男人是人"成立，则是划分；"头是人"不成立，则是分解。

第六节 概念的限制与概括

属种概念的内涵与外延之间存在反变关系：内涵较小的概念的外延较大，内涵较大的概念的外延较小，从而可以对概念进行限制与概括。

一、概念的限制

概念的限制，是通过增加概念的内涵，进而缩小其外延的逻辑方法。换言之，概念的限制，是从属概念过渡到种概念的过程。例如，从"企业"过渡到"国有企业"就是限制。

限制的作用是，可以把一般概念具体化。如果一个定义过宽，可以用限制的方法加以纠正。限制的语言形式，一般在概念前加定义。例如，在"企业"前加"国有"，在"人"前加"男"。当然，并非所有的加定义都是限制。例如，在"花朵"前加"美丽的"就不是限制。限制必须在具有属种关系的概念之间进行。

限制的极限是单独概念。当限制到单独概念的时候，就无法再进行限制了。

二、概念的概括

概念的概括，是通过缩小概念的内涵，进而扩大其外延的逻辑方法。换言之，概念的概括，是从种概念过渡到属概念的过程。例如，从"国有企业"过渡到"企业"就是概括。

概括是思维抽象的基本形式，概括可以把具体概念一般化。概括也必须在具有属种关系的概念之间进行。例如，"树木"和"植物"是种属关系，而和"森林"是部分与整体的关系，不是种属关系，后者就无法进行概括。

概括的极限是哲学范畴上的概念，也就是最大类的概念。因为它们没有属概念，因此，不能再进行概括。例如，"物质""意识""运动""静止""对象""客体"等概念都不能再进行概括。

本章小结

1. 概念是反映对象本质属性或特有属性的思维形式。任何概念都有内涵和外延，概念的内涵规定了概念的外延，概念的外延也影响着概念的内涵。

2. 按照不同的划分标准，概念可以划分成不同的种类。根据概念外延的大小，即概念所反映对象数量的不同，概念可以划分为单独概念和普遍概念。根据概念所反映的对象是否为集合体，可以将其分为集合概念和非集合概念。根据概念所反映的对象具有还是不具有某种属性，可以将概念分为正概念和负概念。根据概念所反映的对象属性的多少，可以将其分为实体概念和属性概念。

3. 逻辑学一般从概念的外延之间的关系来认识与概念之间的关系。概念间的关系，可以分为相容和不相容两大类。进一步细分的话，可以分为全同、包含、包含于、交叉和全异五种关系。其中，全异关系又可以细分为矛盾关系和反对关系。因此，概念间的关系，从宏观上，可以分为两类关系；从中观上，可以分为五种关系；从微观上，可以分为六种关系。

4. 定义是明确概念内涵的逻辑方法，定义由被定义项、定义项和定义联项三部分组成。定义有多种方法，定义也需要遵循相应的规则。违反了任何一条规则，都是不正确的定义。

5. 划分是揭示概念外延的逻辑方法，划分由三个要素构成，即划分的母项、划分的子项和划分的标准。划分也需要遵循相应的规则。违反了任何一条规则，都是不正确的划分。

6. 属种概念的内涵与外延之间存在反变关系。概念的限制，是通过增加概念的内涵，进而缩小其外延的逻辑方法。概念的概括，是通过缩小概念的内涵，进而扩大其外延的逻辑方法。

复习思考题

一、思考题

1. 概念与语词存在何种关系？
2. 为何在现实语言中，概念存在一定的模糊性？
3. 为何需要区分集合概念与非集合概念？必须通过语境来分析这两种概念，有科学道理吗？
4. 为何对同一个事物，人们会有多种定义？多种定义之间，可以都是正确与科学的吗？
5. 划分中，为何需要划分的子项是同一层次的概念？一次划分和多次划分不可以融合在一起吗？
6. 概念的限制与概括，为何都有极限？

二、判断题

1. 每一个概念的正确定义是唯一的。（　　　）
2. 空概念是只有内涵没有外延的概念。（　　　）
3. 任意的两个概念之间，都存在内涵与外延的反变关系。（　　　）
4. 定义必须是相应对称的，被定义项与定义项在外延上是全同关系。（　　　）
5. 限制与概括可以无限进行。（　　　）
6. 列举是一种特殊形式的划分。（　　　）

三、选择题

1．"中国海洋大学的学生来自五湖四海"中，"中国海洋大学的学生"这一概念属于（　　）。

　　　A．集合概念　　　B．非集合概念　　　C．负概念　　　D．属性概念

2．如果"S就是P"是一定义，而且犯了"定义过宽"的逻辑错误，则是指（　　）。

　　　A．S等于P　　B．S包含P　　C．S包含于P　　D．S全异P

3．有一种观点认为，到21世纪初，和发达国家相比，发展中国家将有更多的人死于艾滋病。其依据是：据统计，艾滋病毒感染者人数在发达国家趋于稳定或略有下降，在发展中国家却持续快速发展；到21世纪初，估计全球的艾滋病毒感染者将达到4000万至11亿人，其中，60%将集中在发展中国家。这一观点缺乏充分的说服力。因为，同样权威的统计数据表明，发达国家艾滋病毒感染者从感染到发病的时间要大大短于发展中国家，而从发病到死亡的平均时间只有发展中国家的二分之一。以下哪项最为恰当地概括了上述反驳所使用的方法？（　　）

　　　A．对"论敌"的立论动机提出质疑

　　　B．指出"论敌"把两个相近的概念当作同一概念来使用

　　　C．对"论敌"的论据的真实性提出质疑

　　　D．提出一个反例来否定"论敌"的一般性结论

　　　E．指出"论敌"在论证中没有明确具体的时间范围

 本章参考答案

例题参考答案

习题参考答案

第三章 性质命题及其直接推理

本章重点

> 掌握性质命题的种类。
> 掌握性质命题中词项的周延性含义。
> 掌握性质命题的逻辑方阵图。
> 掌握性质命题的换质和换位推理。
> 理解性质命题的对当关系。

导语

性质命题，也称为直言命题，是直接断定对象事物具有或不具有某种性质的命题。性质命题分为四种：全称肯定命题、全称否定命题、特称肯定命题、特称否定命题。性质命题的主项和谓项统称为词项。性质命题的词项周延性，是词项逻辑中判定推理有效性的一个重要概念。对当关系就是指具有相同素材的性质命题间的真假关系。性质命题的对当关系可归纳为四种：矛盾关系、反对关系、下反对关系和从属关系。性质命题可以进行换质换位推理。换质推理是通过改变前提中性质命题的联项，即将"是"改为"不是"或将"不是"改为"是"，从而推出结论的推理方法。换位推理就是通过改变前提中性质命题的主项和谓项的位置，从而推出结论的推理方法。

第一节 性质命题的逻辑特性

一、性质命题的含义与种类

（一）性质命题的含义与构成

判断（judgement）是对对象有所断定的思维形式。判断对对象有所断定，因此，判断都有真假。判断都是通过语句表达的，但是并非任何的语句都表达判断。一般而言，陈述句、反问句表达判断，而疑问句不表达判断。

表达判断的语句，称为命题（proposition）。命题的基本特征是有真和假之分。任何命题，要么真，要么假，不可能既真又假。命题的真假二值，统称为命题的真值。真命题的真值为真，假命题的真值为假。传统逻辑以及本书介绍的现代逻辑基础部分都是只从真假的角度分析命题的，因此，它们又称二值逻辑。

命题可以分为简单命题与复合命题。简单命题也称为原子命题，是不包含和自身不同命题的命题。其中，性质命题是最能反映出判断特性的简单命题。

性质命题，也称为直言命题，是直接断定对象事物具有或不具有某种性质的命题。

例如，"所有的金属都是导电的""青岛市的企业有的是国有企业""我们班的同学有的不是男生"等就是性质命题。

性质命题由如下四部分构成。

（1）主项，就是在性质命题中表示事物的概念，用字母 S 表示。如上述例子中的"金属""青岛市的企业""我们班的同学"。

（2）谓项，就是在性质命题中表示性质的概念，用字母 P 表示。如上述例子中的"导电的""国有企业""男生"。

（3）联项，就是在性质命题中表示主项与谓项联系状况的系词。性质命题的联项只有两个，就是"是"和"不是"。

（4）量项，也叫判断的量，就是在性质命题中表示主项数量的量词。性质命题的量项一般也可以分为两个，就是"所有的"和"有的"。

（二）性质命题的种类

性质命题的主项和谓项分别用 S 和 P 表示，可以填充不同的具体内容。根据联项与量项的不同组合和搭配，性质命题可分为如下六种基本类型。

（1）全称肯定命题。其逻辑形式是"所有 S 都是 P"。例如：所有的金属都是导体。

（2）全称否定命题。其逻辑形式是"所有 S 都不是 P"。例如：所有宗教都不是科学。

（3）特称肯定命题。其逻辑形式是"有 S 是 P"。例如：有的金属是液态。

（4）特称否定命题。其逻辑形式是"有 S 不是 P"。例如：有的战争不是正义战争。

（5）单称肯定命题。其逻辑形式是"某个 S 是 P"。例如：北京是中华人民共和国的首都。

（6）单称否定命题。其逻辑形式是"某个 S 不是 P"。例如：小王不是警察。

由于单称判断对反映某一单独对象的概念的全部外延做了断定，从逻辑性质上说，单称判断可以看作全称判断。这样，性质命题就可以归结为以下四种基本形式。

（1）全称肯定命题，简称为"A"判断，可写为"SAP"；

（2）全称否定命题，简称为"E"判断，可写为"SEP"；

（3）特称肯定命题，简称为"I"判断，可写为"SIP"；

（4）特称否定命题，简称为"O"判断，可写为"SOP"。

而上述的单称命题，一般将其字母小写，以视与一般全称命题的区别，可以将单称肯定命题写为"SaP"，单称否定命题写为"SeP"。

日常语言中的直言判断在表达上是不规范的，在逻辑分析中应先整理成规范形式。例如，"凡人皆有死"，应整理成"所有的人都是要死的"，这是 A 判断；"有人不自私"，应整理成"有的人不是自私的"，是 O 判断。

二、性质命题中词项的周延性

性质命题的主项和谓项统称为词项。性质命题的词项周延性，是词项逻辑中判定推理有效性的一个重要概念。所谓周延性，就是在性质命题中，对主项、谓项的外延数量的断定情况。如果一个性质命题的主项或谓项的全部外延都被断定，就称为该主项或谓项是周延的；如果一个性质命题的主项或谓项的全部外延没有被断定，就称为该主项或谓项是不周延的。词项是否周延，只取决于某个性质命题对其外延的断定，也就是取决于该命题本身的形式。

性质命题周延性的一般规律是：

（1）全称命题的主项是周延的；
（2）特称命题的主项是不周延的；
（3）肯定命题的谓项是不周延的；
（4）否定命题的谓项是周延的。

A、E、I、O四种命题的主项、谓项的周延情况如表3-1所示。

表3-1　A、E、I、O四种命题的主项、谓项的周延情况

命题种类	主项	谓项
SAP	周延	不周延
SEP	周延	周延
SIP	不周延	不周延
SOP	不周延	周延

周延性问题对于性质命题的直接推理及间接推理都至关重要。

三、性质命题的真值规律

四种性质命题在它们的主项、谓项相同的情况下，彼此存在一定的相互制约的真假关系。这种真假关系是遵循一定规律的。

从概念的外延间的关系来说，主项"S"的外延与谓项"P"的外延之间共存在五种关系：全同关系、包含于关系、包含关系、交叉关系和全异关系。把各种性质判断的真假情况归纳起来，如表3-2所示。

表3-2　各种性质判断的真假情况

判断	关系				
	全同关系	包含于关系	包含关系	交叉关系	全异关系
SAP	真	真	假	假	假
SEP	假	假	假	假	真
SIP	真	真	真	真	假
SOP	假	假	真	真	真

根据表3-2，可以清楚地看出具有同一素材的A、E、I、O四种判断之间的真假关系。所谓同一素材的判断，就是指具有相同主项和谓项的判断。这里所说的真假，并不是各种判断内容的真假，而是同一素材的A、E、I、O四种判断之间的一种相互制约关系。

四、性质命题的逻辑方阵图

对当关系就是指具有相同素材的性质命题间的真假关系。性质命题的对当关系可归纳为以下几种。

（1）矛盾关系。这是 A 和 O、E 和 I 之间不能同真、不能同假的关系。例如：

A：所有事物都是运动的（真）；O：有些事物不是运动的（假）。

O：有些工商干部不是大学毕业生（真）；A：所有的工商干部都是大学毕业生（假）。

I：有些物体是固体（真）；E：所有物体都不是固体（假）。

E：所有语言都不是上层建筑（真）；I：有些语言是上层建筑（假）。

（2）反对关系。这是 A 和 E 之间不能同真，可以同假的关系。

在 A、E 两个判断中，如果知道其中一个是真的，就可推知另一个是假的。例如：

已知 A：所有事物都是运动的（真）；则 E：所有事物都不是运动的（假）。

已知 E：所有的科学家都不是思想懒汉（真）；则 A：所有的科学家都是思想懒汉（假）。

如果知道其中一个是假的，那么另一个真假不定。例如：

已知 A：我班同学都学过日语（假）；则 E：我班同学都没学过日语（真假不定）。

（3）下反对关系。这是 I 和 O 之间可以同真但不能同假的关系。

在 I、O 两个判断中，如果知道其中一个是假的，那就可以断定另一个是真的。例如：

已知 I：有些民主人士是共产党员（假）；则 O：有些民主人士不是共产党员（真）。

已知 O：有些事物不是运动的（假）；则 I：有些事物是运动的（真）。

如果知道其中一个是真的，那么另一个真假不定。例如：

已知 I：我班有些同学学过日语（真）；则 O：我班有些同学没学过日语（真假不定）。

（4）从属关系（又称差等关系、属种关系）。这是 A 和 I、E 和 O 之间的关系。如果全称判断真，则特称判断真；如果特称判断假，则全称判断假；如果全称判断假，则特称判断真假不定；如果特称判断真，则全称判断真假不定。例如：

已知 A：所有事物都是运动的（真）；则 I：有些事物是运动的（真）。

已知 I：有的单位参加了义务献血（假）；则 A：所有的单位都参加了义务献血（假）。

已知 A：我班同学都学过日语（假）；则 I：我班有些同学学过日语（真假不定）。

已知 I：我班有些同学学过日语（真）；则 A：我班同学都学过日语（真假不定）。

类似的，可举例说明 E 和 O 判断之间的从属关系。

为了便于记忆，逻辑学中把 A、E、I、O 四种判断之间的关系用"逻辑方阵图"来表示，如图 3-1 所示。

逻辑方阵图一般把单称命题作为全称命题的特例来处理。但是，在考虑对当关系（即真假关系）时，单称命题不能作为全称命题的特例。如果涉及有同一素材的单称命题，那么以上所述的对当关系要稍加扩展：单称肯定命题和单称否定命题是矛盾关系，全称命题与同质的单称命题是从属关系，单称命题与同质的特称命题也是从属关系。把单称命题考虑其中，所有的对当关系可用图 3-2 来表示。

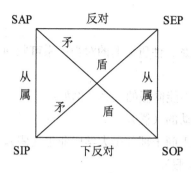

图 3-1　逻辑方阵图

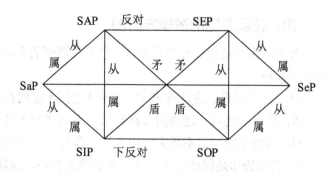

图 3-2　六角阵图

当然，图 3-2 中并未反映所有的对当关系，比如，SAP 和 SeP、SOP 和 SaP 等之间的关系就没有在六角阵图中体现。大家可以思考它们之间是一种什么对当关系。

例题 3-1

所有的三星级饭店都搜查过了，没有发现犯罪嫌疑人的踪迹。

如果上述断定为真，则在下面四个断定中：

Ⅰ．没有三星级饭店被搜查过。

Ⅱ．有的三星级饭店被搜查过。

Ⅲ．有的三星级饭店没有被搜查过。

Ⅳ．犯罪嫌疑人躲藏的三星级饭店已被搜查过。

可确定为假的是（　　）。

A．仅Ⅰ和Ⅱ　　　　　　　B．仅Ⅰ和Ⅲ

C．仅Ⅱ和Ⅲ　　　　　　　D．仅Ⅰ，Ⅲ和Ⅳ　　　　　　E．Ⅰ，Ⅱ，Ⅲ和Ⅳ

例题 3-2

学院路街道发现有保姆未办暂住证。

如果上述断定为真，则以下哪项不能确定真假？（　　）

Ⅰ．学院路街道所有保姆都未办暂住证。

Ⅱ．学院路街道所有保姆都办了暂住证。

Ⅲ．学院路街道有保姆办了暂住证。

Ⅳ．学院路街道的保姆陈秀英办了暂住证。

A．Ⅰ，Ⅱ，Ⅲ和Ⅳ　　　　B．仅Ⅰ，Ⅲ和Ⅳ

C．仅Ⅰ　　　　　　　　　D．仅Ⅰ和Ⅳ　　　　　　　E．仅Ⅳ

例题 3-3

在某次税务检查后，四个工商管理人员有如下结论：

甲：所有个体户都没纳税。

乙：服装个体户陈老板纳了税。

丙：个体户不都没纳税。

丁：有的个体户没纳税。

如果四人中只有一人断定属实，则以下哪项是真的？（　　）

A．甲断定属实，陈老板没有纳税　　B．丙断定属实，陈老板纳了税

C．丙断定属实，但陈老板没纳税　　D．丁断定属实，陈老板未纳税

E．丁断定属实，但陈老板纳了税

五、性质命题的负命题

所谓负命题，就是否定某个命题的命题，又称命题的否定。例如：

并非"一切知识都是真理"。

并非"如果天下雨，地上一定会湿"。

"青岛市所有的企业都是国有企业"是假的。

以上三个都是负命题，它们分别否定了"一切知识都是真理""如果天下雨，地上一定会湿"和"青岛市所有企业都是国有企业"。

负命题不同于简单命题中属于性质命题的否定命题。例如，"中国海洋大学的学生不是都来自山东"是一个全称否定命题，而不是一个负命题。否定命题只是对对象具有某种性质，它是简单命题。而负命题则是对某个命题的否定，它属于复合命题。

负命题和原命题是矛盾关系的命题。负命题的真假是由原命题的真假来确定的。如果原命题为真，则负命题为假；如果原命题为假，则负命题为真。负命题在自然语言中，一般用"并非"或者"……是假的"等语词来表示。当然除此之外，"并不是""……是不对的""……是错误的""……是荒谬的"等，都是自然语言中表示负命题的表达。

逻辑上通常用"¬"这一符号来表示负命题，念作"并非"或者"非"。

性质命题的负命题，可以直接运用对当关系中的矛盾关系来确立。

例如，SAP的负命题可以表述为"¬SAP"，它的对当关系就是SOP。换言之，SAP和SOP是含义相同的。以下是八对负命题推理。

¬SAP→SOP；

¬SEP→SIP；

¬SIP→SEP；

¬SOP→SAP；

SAP→¬SOP；

SEP→¬SIP；

SIP→¬SEP；

SOP→¬SAP。

上述的推理是等值的，换言之，负命题与原命题之间可以相互推导。

例题 3-4

设"并非无奸不商"为真，则以下哪项一定为真？（　　）

A．所有的商人都是奸商 　　B．所有的商人都不是奸商
C．并非有的商人不是奸商　　D．并非有的商人是奸商
E．有的商人不是奸商

第二节　性质命题的对当关系推理

性质命题的直接推理，就是以一个性质命题为前提推出结论的演绎推理。直接推理就是通过改变前提中直言命题的形式，即通过改变前提中直言命题的联项或主项与谓项的位置，从而推出结论的推理。因此，直接推理也可以称为变形推理。

它可以分为对当关系推理和换质位推理。其中，对当关系推理，就是根据上述性质命题的四种逻辑对当关系，即矛盾关系、反对关系、下反对关系和从属关系，进行的直接推理。

一、矛盾关系推理

矛盾关系推理，就是运用对当关系中的矛盾关系进行直接推理。矛盾关系一共有两对：A 和 O，E 和 I。根据负命题的特性，一共可以形成 8 对矛盾关系推理：

SAP→¬SOP；

SEP→¬SIP；

SIP→¬SEP；

SOP→¬SAP；

¬SAP→SOP；

¬SEP→SIP；

¬SIP→SEP；

¬SOP→SAP。

矛盾关系的推理是相互蕴含的，即原命题和负命题之间是可以相互推导的。矛盾关系推理是最为丰富的逻辑关系。在性质命题的对当关系推理中，矛盾关系的推理是蕴含逻辑特性最多的一种推理，它可以给予人们更多的逻辑对当信息。

二、反对关系推理

反对关系推理，就是运用对当关系中的反对关系进行直接推理。反对关系只有 1 对：A 和 E。一共可以形成两对反对关系推理：

SAP→¬SEP；

SEP→¬SAP。

反对关系的推理只是蕴含的关系，而不是相互蕴含的关系，因此，只可以从 A 和 E 进行推导，不可以从得出的负命题反过来推导。

三、下反对关系推理

下反对关系推理，就是运用对当关系中的下反对关系进行直接推理。反对关系只有 1 对：I 和 O。一共可以形成两对下反对关系推理：

¬SIP→SOP；

¬SOP→SIP。

下反对关系的推理也只是蕴含的关系，而不是相互蕴含的关系，因此，只可以从 I 和 O 的负命题进行推导，不可以从得出的命题反过来推导。

四、从属关系推理

从属关系推理，也就是差等关系推理，就是运用对当关系中的从属关系进行直接推理。从属关系一共有 2 对：A 和 I，E 和 O。一共可以形成 4 对从属关系推理：

SAP→SIP；

SEP→SOP；

¬SIP→¬SAP；

¬SOP→¬SEP。

从属关系推理是最能体现演绎逻辑特性的推理。它体现了正确的推理一定是从一般到个别，但是不可以进行从个别到一般的推理。

第三节　性质命题的换质换位推理

一、换质推理

换质推理是通过改变前提中性质命题的联项，即将"是"改为"不是"或将"不是"改为"是"，从而推出结论的推理方法。换质推理通常又称"换一个说法"，即肯定的命题用否定的方式来表达，或者否定的命题用肯定的方式来表达。换质推理需要经过两个步骤，或者遵循两个规则：

（1）改变命题的质，即把联项的肯定变为否定，把否定变为肯定；

（2）把命题的谓项换成其矛盾关系的补项。

在这里特别指出，在进行换质推理时，除了需要改变联项外，还需要把结论中的谓项变为前提谓项的矛盾概念。将 P 变为矛盾关系的非 P，用逻辑符号 $\bar{P}$ 表示。

为了便于记忆，可以将两条换质的规则概括为：换质不换量，谓项变补项。

直言命题 A、E、I、O 的换质推理情况如下。

"所有 S 是 P"可以换质为"所有 S 不是非 P"，即 SAP → SE$\bar{P}$；

"所有 S 不是 P"可以换质为"所有 S 是非 P"，即 SEP → SA$\bar{P}$；

"有些 S 是 P"可以换质为"有些 S 不是非 P"，即 SIP → SO$\bar{P}$；

"有些 S 不是 P"可以换质为"有些 S 是非 P"，即 SOP → SI$\bar{P}$。

例如：

"所有商品都是有价值的"可以换质为"所有商品都不是没有价值的"；

"所有人都不是长生不老的"可以换质为"所有人都是要死的"；

"有些人是自私的"可以换质为"有些人不是不自私的"；

"有些领导人不是廉洁的"可以换质为"有些领导人是不廉洁的"。

需要特殊说明的是，换质推理后的结果可以倒推回来，即换质后的命题与换质前的命题是等价的。

二、换位推理

换位推理就是通过改变前提中直言命题的主项和谓项的位置，从而推出结论的推理方法。换位推理通常又称为"倒过来说"。换位推理需要经过两个步骤，或者遵循两个规则：

（1）将主项和谓项的位置相互交换；

（2）换位前不周延的项，换位后也不得周延。

规则（2）需要特别说明，在进行换位推理时，除了需要交换主项和谓项的位置外，还需要注意在前提中不周延的词项在结论中也不能周延。

为了便于记忆，可以将两条换质的规则概括为：换位不换质，外延不扩大。

直言命题 A、E、I、O 的换位推理情况如下。

"所有 S 是 P"可以换位为"有些 P 是 S"，即 SAP→PIS；

"所有 S 不是 P"可以换位为"所有 P 不是 S"，即 SEP→PES；

"有些 S 是 P"可以换位为"有些 P 是 S"，即 SIP→PIS；

但是"有些 S 不是 P"不能换位为"有些 P 不是 S"。

即 SOP 不能进行换位推理。

例如：

"所有无价证券都是不准买卖的物品"可以换位为"有些不准买卖的物品是无价证券"；

"所有大学生不是中学生"可以换位为"所有中学生不是大学生"；

"有些花是红色的"可以换位为"有些红色的是花"；

"有些人不是大学生"不能换位为"有些大学生不是人"。

需要指出的是，全称肯定命题"所有 S 是 P"，通过换位只能推出一个特称肯定命题"有些 P 是 S"，不能推出"所有 P 是 S"，因为"P"在前提中是全称肯定命题的谓项，是不周延的，如果推出"所有 P 是 S"，"P"作为全称命题的主项就是周延的了，违背了"在前提中不周延的词项在结论中也不能周延"的要求。例如，从"所有无价证券都是不准买卖的物品"出发，通过换位只能得到"有些不准买卖的物品是无价证券"，不能得到"所有不准买卖的物品都是无价证券"，显然，像毒品、人等都是"不准买卖的物品"，但并非"无价证券"。另外，特称否定命题"有些 S 不是 P"不能通过换位推出"有些 P 不是 S"，因为"S"在前提中作为特称命题的主项不周延，如果换位后作为结论的谓项就是周延的了，违背了"在前提中不周延的词项在结论中也不能周延"的要求。

上述说明其实指出了换位推理与换质推理的一个区别：换位推理后获得的命题与原命题并一定是等价或者等值的，即换位的命题不一定能倒推回原来的命题。

三、换质位推理

一个性质命题，可以通过换质法和换位法的交替使用，得出它更多的隐含命题。这种交替使用换质换位的推理，就是换质位推理。

通过换质推理得到的结论还可以进行换位，通过换位推理得到的结论还可以进行换质。这关键要看具体推理过程的需要。

例如：

既然证人都必须是精神上没有缺陷的人，那么，精神上有缺陷的人都不能做证人。

上述推理就是先通过换质，得到"证人都不是精神上有缺陷的人"，再进行换位得到的。

若进行连续多次的换质位，既可以先换质，也可以先换位，这种连续多次交替进行的换质位推理，叫作戾换法。

例如，SAP 性质命题的连续变形推理的有效式如下：

（1）SAP→SE$\bar{P}$→$\bar{P}$ES→$\bar{P}$A$\bar{S}$→$\bar{S}$IP→$\bar{S}$O$\bar{P}$；

（2）SAP→PIS→PO$\bar{S}$。

大家可以根据推理规则，将 SEP、SIP、SOP 的连续变形推理有效式推导出来。

本章小结

1．**性质命题**，也称为直言命题，是直接断定对象事物具有或不具有某种性质的命题。性质命题分为四种：全称肯定命题、全称否定命题、特称肯定命题和特称否定命题。

2．性质命题的主项和谓项统称为词项。性质命题的词项周延性，是词项逻辑中判定推理有效性的一个重要概念。所谓周延性，就是在性质命题中，对主项、谓项的外延数量的断定情况。

3．性质命题的对当关系是指具有相同素材的性质命题间的真假关系。性质命题的对当关系共有四种：矛盾关系，是 A 和 O、E 和 I 之间存在的不能同真、不能同假的关系；反对关系，是 A 和 E 之间不能同真、可以同假的关系；下反对关系，是 I 和 O 之间可以同真但不能同假的关系；从属关系，又称差等关系、属种关系，是 A 和 I、E 和 O 之间的关系。如果全称判断真，则特称判断真；如果特称判断假，则全称判断假；如果全称判断假，则特称判断真假不定；如果特称判断真，则全称判断真假不定。

4．性质命题可以进行换质和换位推理。换质推理是通过改变前提中性质命题的联项，即将"是"改为"不是"或将"不是"改为"是"，从而推出结论的推理方法。换位推理就是通过改变前提中直言命题的主项和谓项的位置，从而推出结论的推理方法。

复习思考题

一、思考题

1. 矛盾关系和反对关系有何区别？
2. 周延性问题为何对于性质命题的推理至关重要？
3. 试证明一下性质命题的周延性问题。
4. 换质推理有哪些要求？换位推理有哪些要求？
5. 你能通过换质位推理，把 SEP、SIP、SOP 所有隐含的命题都寻找出来吗？

二、填空题

1. 任何命题，要么真，要么假，不可能既真又假。命题的真假二值，统称为命题的（　　　　）。真命题的真值为真，假命题的真值为假。传统逻辑以及本书介绍的现代逻辑基础部分都是只从真假的角度分析命题的，因此，它们又称（　　　　）。

2. 若进行连续多次的换质位，既可以先换质，也可以先换位，这种连续多次交替进行的换质位推理，叫作（　　　　）。

3. 性质命题，又可以称为（　　　　）命题；从属关系，又可以称为（　　　　）关系、（　　　　）关系。

4. SAP 与 SeP 之间，应该是（　　　　）关系；SaP 与 SOP 之间，应该是（　　　　）关系。

三、选择题

1. 一家珠宝店的珠宝被盗，经查可以肯定是甲、乙、丙、丁四人中的某一个人所为。审讯中，他们四人各自说了一句话。

   甲说："我不是罪犯。"
   乙说："丁是罪犯。"
   丙说："乙是罪犯。"
   丁说："我不是罪犯。"

   经调查证实，四人中只有一个人说的是真话。

   根据以上条件，下列哪个判断为真？（　　　　）

   A. 甲说的是假话，因此，甲是罪犯　　　B. 乙说的是真话，丁是罪犯
   C. 丙说的是真话，乙是罪犯　　　　　　D. 丁说的是假话，丁是罪犯
   E. 四个人说的全是假话，丙才是罪犯

2. 某珠宝店失窃，甲、乙、丙、丁四人涉嫌被拘审。四人的口供如下。

   甲：案犯是丙。
   乙：丁是罪犯。
   丙：如果我作案，那么丁是主犯。
   丁：作案的不是我。

四个口供中只有一个是假的。

如果上述断定为真，那么以下哪项是真的？（　　）

A．说假话的是甲，作案的是乙　　　B．说假话的是丁，作案的是丙和丁

C．说假话的是乙，作案的是丙　　　D．说假话的是丙，作案的是丙

E．说假话的是甲，作案的是甲

3．某仓库失窃，四个保管员涉嫌被传讯。四人的口供如下。

甲：我们四人都没作案。

乙：我们中有人作案。

丙：乙和丁至少有人没作案。

丁：我没作案。

如果四人中有两人说的是真话，有两人说的是假话，那么以下哪项断定成立？（　　）

A．说真话的是甲和丙　　　B．说真话的是甲和丁

C．说真话的是乙和丙　　　D．说真话的是乙和丁

E．说真话的是丙和丁

4．某公司财务部共有包括主任在内的8名职员。有关这8名职员，以下三个断定中只有一个是真的。

(1) 有人是广东人。

(2) 有人不是广东人。

(3) 主任不是广东人。

以下哪项为真？（　　）

A．8名职员都是广东人　　　B．8名职员都不是广东人

C．只有一名不是广东人　　　D．只有一名是广东人

E．无法确定该部广东人的人数

5．这个单位已发现有育龄职工违纪超生。

如果上述断定是真的，那么在下述三个断定中，不能确定真假的是（　　）。

Ⅰ．这个单位没有育龄职工不违纪超生。

Ⅱ．这个单位有的育龄职工没违纪超生。

Ⅲ．这个单位所有的育龄职工都未违纪超生。

A．只有Ⅰ和Ⅱ　　　B．Ⅰ，Ⅱ和Ⅲ

C．只有Ⅰ和Ⅲ　　　D．只有Ⅱ

E．只有Ⅰ

6．以下诸项结论都是根据1998年度西单飞舟商厦各个职能部收到的雇员报销单据综合得出的。在此项综合统计做出后，有的职能部门又收到了雇员补交上来的报销单据。

以下哪项结论不可能被补交报销单据这一新的事实所推翻？（　　）

A．超级市场部仅有14个雇员交了报销单据，报销了至少8700元

B．公关部最多只有3个雇员交了报销单据，报销总额不多于2600元

C. 后勤部至少有 8 个雇员交了报销单据，报销总额为 5234 元

D. 会计部至少有 4 个雇员交了报销单据，报销了至少 2500 元

E. 总经理事务部至少有 7 个雇员交了报销单据，报销额不比后勤部多

7. 某家饭店中，一桌人边用餐边谈生意。其中，一个人是哈尔滨人，两个人是北方人，一个人是广东人，两个人只做电脑生意，三个人只做服装生意。

如果以上介绍涉及餐桌上所有的人，那么这一桌最少可能是几个人？最多可能是几个人？（　　）

A. 最少可能是 3 个人，最多可能是 8 个人

B. 最少可能是 5 个人，最多可能是 8 个人

C. 最少可能是 5 个人，最多可能是 9 个人

D. 最少可能是 3 个人，最多可能是 9 个人

E. 无法确定

8. 学校在为失学儿童捐助活动中收到没署名的两笔捐款。经查证，是周、吴、郑、王中的两人所捐。经询问，四人中只有两人说的是真话。以下哪一项可能为真？（　　）

周：不是我捐的。

吴：是王捐的。

郑：是吴捐的。

王：不是我捐的。

A. 吴和王捐的　　　　　　　　　　B. 周和王捐的

C. 郑和王捐的　　　　　　　　　　D. 郑和吴捐的

E. 郑和周捐的

本章参考答案

例题参考答案

习题参考答案

第四章 性质命题的间接推理

本章重点

> - 掌握三段论的规则。
> - 掌握三段论的格与式。
> - 掌握三段论的省略式及其恢复方式。
> - 理解三段论的含义。
> - 理解三段论的公理。
> - 了解复合三段论。

导语

性质命题的间接推理,主要是指三段论。所谓三段论,是指由两个含有共同项的性质命题为前提,进而得出一个新的性质命题作为结论的演绎推理。但是,并非任何两个含有共同项的性质命题都可以得出一个新的性质命题,它需要遵循一定的规则。三段论有七条推理规则,违反了其中任何一条,都不是正确的三段论。三段论的格是根据中项在三段论中的不同位置所构成的不同形式的三段论,三段论共有四个格,四个格也各自有其特有规则。三段论的式是A、E、I、O四种命题在三段论的前提和结论中的各种不同组合形式。根据三段论的规则,三段论共有 24 个有效式。三段论的省略式,又称为省略三段论,是省去一个前提或结论的三段论。省略式的省略分为三种情况:省略结论、省略大前提、省略小前提。

第一节 三段论的逻辑特性

一、三段论的含义与构成

性质命题的间接推理,是指由两个性质命题为前提所构成的推理。性质命题的间接推理主要是直言三段论,简称三段论。三段论是传统逻辑的主要部分,也是简单推理的重点。

所谓三段论,是指由两个含有共同项的性质命题为前提,进而得出一个新的性质命题作为结论的演绎推理。例如:

知识分子都是应该受到尊重的;

人民教师是知识分子;

所以,人民教师都是应该受到尊重的。

其中:

结论中的主项叫作小项，用"S"表示，如例中的"人民教师"；

结论中的谓项叫作大项，用"P"表示，如例中的"应该受到尊重"；

两个前提中共有的项叫作中项，用"M"表示，如例中的"知识分子"。

在三段论中，含有大项的前提叫大前提，如例中的"知识分子都是应该受到尊重的"；含有小项的前提叫小前提，如例中的"人民教师是知识分子"。

三段论推理是根据两个前提所表明的中项 M 与大项 P 和小项 S 之间的关系，通过中项 M 的媒介作用，从而推导出确定小项 S 与大项 P 之间关系的结论。

例如，"凡物质都是可塑的，树木是可塑的，所以树木是物质"。

三段论的写法是：大前提写在最前面或最上面，下面是小前提，然后画一横线，下面写结论。

在三段论中，大项通常用字母 P 表示，小项用字母 S 表示，中项用字母 M 表示。这样，上述推理的一般公式可以表示为

所有 M 都是 P；

<u>所有 S 都是 M；</u>

所有 S 都是 P。

也可以写为

MAP；

<u>SAM；</u>

SAP。

在三段论中，单称肯定命题和单称否定命题分别被看作全称肯定命题和全称否定命题进行处理。

二、三段论的公理

所谓公理，就是不证自明、不言而言的定理。三段论的公理可以表述如下：如果一类对象的全部是什么或不是什么，那么，该类对象中的部分也是什么或不是什么；或者说，如果对一类对象的全部有所断定，那么，对它的部分也有所断定。

三段论公理通常可以由欧拉图来表示，非常简洁、直观。图 4-1 和图 4-2 分别表示三段论的两个公理：公理甲和公理乙。

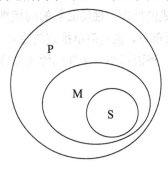

图 4-1 公理甲

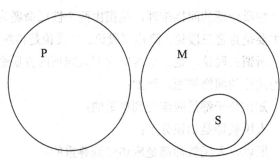

图 4-2 公理乙

其中：

公理甲还可以用如下方式表示：

MAP；

SAM；

SAP。

公理乙还可以用如下方式表示：

PEM；

SAM；

SEP。

三段论的两个公理所蕴含的道理是浅显易懂的。例如，"所有的金属都是导电的，铜是金属，所以，铜是导电的"，这就是公理甲。而"所有的男人都不是女人，小华是女人，所以，小华不是男人"，这就是公理乙。

三段论的两个公理，为三段论的进一步规则提炼和理论化奠定了基础。而它通过欧拉图所揭示的性质命题间接推理的关系，也可以为人们很好地梳理逻辑思路和关系。

例题 4-1

所有安徽来京打工人员，都办理了暂住证；所有办理了暂住证的人员，都获得了就业许可证；有些安徽来京打工人员当上了门卫；有些业余武术学校的学员也当上了门卫；所有业余武术学校的学员都未获得就业许可证。

如果上述断定都是真的，则除了以下哪项，其余的断定也必定是真的？（　　）

A．所有安徽来京打工人员都获得了就业许可证

B．没有一个业余武术学校的学员办理了暂住证

C．有些安徽来京打工人员是业余武术学校的学员

D．有些门卫没有就业许可证

E．有些门卫有就业许可证

例题 4-2

本题题干同例题 4-1。

以下哪个人的身份，不可能符合上述题干所做的断定？（　　）

A．一个获得了就业许可证的人，但并非是业余武术学校的学员

B．一个获得了就业许可证的人，但没有办理暂住证

C．一个办理了暂住证的人，但并非是安徽来京打工人员

D．一个办理了暂住证的业余武术学校的学员

E．一个门卫，他既没有办理暂住证，又不是业余武术学校的学员

例题 4-3

所有爱斯基摩土著人都是穿黑衣服的；所有北婆罗洲土著人都是穿白衣服的；没有既

穿白衣服又穿黑衣服的人；H是穿白衣服的人。

基于以上事实，下列哪个判断必为真？（　　）

A．H是北婆罗洲土著人
B．H不是爱斯基摩土著人
C．H不是北婆罗洲土著人
D．H是爱斯基摩土著人
E．H既不是爱斯基摩土著人，也不是北婆罗洲土著人

例题 4-4

在某住宅小区的居民中，大多数中老年教员都办了人寿保险；所有买了四居室以上住房的居民都办了财产保险；所有办了人寿保险的都没办理财产保险。

如果上述断定是真的，以下哪项关于该小区居民的断定必定是真的？（　　）

Ⅰ．有中老年教员买了四居室以上的住房。
Ⅱ．有中老年教员没办理财产保险。
Ⅲ．买了四居室以上住房的居民都没办理人寿保险。

A．Ⅰ，Ⅱ和Ⅲ　　　　　B．仅Ⅰ和Ⅱ
C．仅Ⅱ和Ⅲ　　D．仅Ⅰ和Ⅲ　　　E．仅Ⅱ

第二节　三段论的规则

一个正确的三段论推理，除了上述的三段论的构成外，还必须遵循以下七条规则。违反了其中的任何一条规则，都不是正确的三段论推理。其中，前五条规则是基本规则，后两条规则是延伸规则，可以根据前五条规则证明出来。

一、在一个三段论中，有且只能有三个不同的概念

三段论的实质是两个前提借助一个共同的项作为媒介，使得大、小项发生逻辑联系，从而推出结论。如果一个三段论只有两个不同的项，那么，大、小项就找不到一个和自身不同的共同项来建立联系，从而得出结论；如果一个三段论有四个项，那么，就有可能大项和一个项存在联系，小项和另一个项存在联系，这样也找不到一个项分别和大、小项存在联系。为此，就必须使三段论中的三个概念，在其分别重复出现的两次中，所指的是同一个对象，具有同一的外延。

违反这条规则就会犯四概念的错误。所谓四概念的错误，就是指在一个三段论中出现了四个不同的概念。四概念的错误又往往是作为中项的概念未保持同一而引起的。

例如：
我国的大学是分布于全国各地的；
中国海洋大学是我国的大学；
所以，中国海洋大学是分布于全国各地的。

这个三段论的结论显然是错误的，但其两个前提都是真的。为什么会由两个真的前提推出一个假的结论来了呢？原因就在于中项（"我国的大学"）未保持同一，出现了四概念

的错误，即"我国的大学"这个语词在两个前提中所表示的概念是不同的。在大前提中，它是表示我国的大学总体，表示的是一个集合概念；而在小前提中，它指的是我国大学中的某一所大学，表示的不是集合概念，而是一个一般的普遍概念。因此，它在两次重复出现时，实际上表示的是两个不同的概念。这样，以其作为中项，也就无法将大项和小项联系起来，从而推出正确的结论。

二、中项在前提中至少必须周延一次

如果中项在前提中一次也没有被断定过它的全部外延（即周延），那就意味着在前提中大项与小项都分别只与中项的一部分外延发生联系，这样，就不能通过中项的媒介作用，使大项与小项发生必然、确定的联系，因而，也就无法在推理时得出确定的结论。

例如：

一切金属都是可塑的；

塑料是可塑的；

所以，塑料是金属。

在这个三段论中，中项"可塑的"在两个前提中一次也没有周延（在两个前提中，都只断定了"金属""塑料"是"可塑的"的一部分对象），因而，"塑料"和"金属"究竟处于何种关系就无法确定，也就无法得出必然的确定结论，所以，这个推理是错误的。

如果违反这条规则，就会犯"中项不周延"的错误，这样的推理就是不合逻辑的。

三、在前提中不周延的项，在结论中也不得周延

三段论的结论是从前提中推出的。一个有效的三段论，它的前提必须蕴含结论。从量的方面说，就是前提中大项与小项的范围应包含结论中大项与小项的范围。否则，如果大项或小项在前提中不周延，而在结论中周延，那么，结论断定的范围就超出了前提断定的范围，结论就不被前提蕴含，因而，就不能保证一定得出真的结论。

违反这一规则的逻辑错误，有两种情况：一种是大项在前提中不周延，在结论中周延了，这被称为"大项不当扩大"；另一种是小项在前提中不周延，在结论中周延了，这被称为"小项不当扩大"。

例如：

运动员需要努力锻炼身体；

我不是运动员；

所以，我不需要努力锻炼身体。

这个推理的结论显然是错误的。这个推理从逻辑上说错在哪里呢？主要错在"需要努力锻炼身体"这个大项在大前提中是不周延的（即"运动员"只是"需要努力锻炼身体"中的一部分人，而不是其全部），而在结论中却周延了（成了否定命题的谓项）。这就是说，它的结论所断定的对象范围超出了前提所断定的对象范围，因而，在这一推理中，结论就不能由其前提推出，其前提的真也就不能保证结论的真。这种错误逻辑上被称为"大项不当扩大"。

四、两个否定前提不能推出结论

如果在前提中两个前提都是否定命题，那就表明，大、小项在前提中都分别与中项互相排斥。在这种情况下，大项与小项通过中项就不能形成确定的关系，因而，也就不能通过中项的媒介作用而确定地联系起来，当然，也就无法得出必然确定的结论，即不能推出结论。

例如：

一切有神论者都不是唯物主义者；

某人不是有神论者；

所以？

无法得出结论。

五、前提之一是否定命题，结论也应当是否定命题；结论是否定命题，前提之一必须是否定命题

为什么前提之一是否定的，结论必然是否定的呢？这是因为，如果前提中有一个是否定命题，则根据上面的规则四，另一个则必然是肯定命题（否则，两个否定命题不能得出必然结论），这样，中项在前提中就必然与一个项是否定关系，与另一个项是肯定关系。这样，大项和小项通过中项联系起来的关系自然也就只能是一种否定关系，因而，结论必然是否定的。

例如：

一切有神论者都不是唯物主义者；

某人是有神论者；

所以，某人不是唯物主义者。

为什么结论是否定的，前提之一必定是否定的呢？因为如果结论是否定的，那一定是由于前提中的大、小项有一个和中项结合，而另一个和中项排斥。这样，大项或小项同中项相排斥的那个前提就是否定的，所以，结论是否定的，则前提之一必定是否定的。

六、两个特称命题作为前提不能得出结论

规则六可以根据前文阐述的五条规则推理或者证明出来：如果两个前提都是特称命题，那么，两个前提的组合不外乎三种情况：II、OO、IO（或 OI）。这三种情况都不能得出必然性的结论。

如果两个前提都是 I 命题，那么，在两个前提中没有一个项是周延的，也就是中项在前提中两次都不周延，那么就违背了规则二：中项至少周延一次，否则不能得出结论。

如果两个前提都是 O 命题，根据规则四，两个否定的命题作为前提，不能得出结论。

如果两个前提中，一个是 I，另一个是 O，那么，前提中只有一个周延的项，即否定命题的谓项。根据规则二，中项至少周延一次。为了保证不违反规则二，这一周延的项必须作中项。又根据规则五，前提之一是否定的，结论也应当是否定的，那么，结论必然是

否定的。结论否定，那么，结论的大项就一定是周延的。而前提中已经没有周延的项可用，因此违反了规则三：在前提中不周延的项，在结论中也不得周延。故不能得出结论。

例如：

有的同学是运动员；

有的运动员是影星；

所以？

由这两个特称前提，无法推出必然结论。因为，在这个推理中的中项（"运动员"）一次也未能周延。

例如：

有的同学不是运动员；

有的运动员是影星；

所以？

这里，虽然中项有一次周延，但仍无法得出必然结论。因为，在这两个前提中有一个是否定命题，按照前面的规则，如果推出结论，则只能是否定命题；而如果是否定命题，则大项"影星"在结论中必然周延，但它在前提中是不周延的，所以，必然又犯"大项不当扩大"的错误。

七、前提之一是特称命题，结论必然是特称命题

根据规则六，前提中有一个是特称命题，则另一个一定是全称命题。那么，这两个前提的组合就只能有四种情况：AI、AO、EI、EO。

如果两个前提是A和I，那么前提中只有一个周延的项，就是全称命题的主项。为了保证规则二成立，这一周延的项用来作中项，剩下的都是不周延的。根据规则三，结论的主项也是不周延的。因此，只能是特称命题。在这种情况下，只能是特称肯定命题。

如果两个前提是A和O，那么前提中有两个周延的项，就是全称命题的主项和否定命题的谓项。为了保证规则二成立，其中一周延的项用来作中项。根据规则五，结论是否定的，结论的大项是周延的。根据规则三，另一个周延的项需要用来作前提中的大项。剩下的都是不周延的。根据规则三，结论的主项也是不周延的。因此，只能是特称命题。在这种情况下，只能是特称否定命题。

如果两个前提是E和I，这种情况和上面情况的证明思路是一样的。

如果两个前提是E和O，根据规则四，不能得出结论。

例如：

所有大学生都是青年；

有的运动员是大学生；

所以，有的运动员是青年。

这个例子说明，当前提中有一个判断是特称命题时，其结论必然是特殊命题；否则，如果结论是全称命题，就必然会违反三段论的另几条规则（如出现大、小项不当扩大的错

误等)。

三段论的上述七条规则，前面五条规则必须熟练掌握，后面两条规则可以在理解证明方法的前提下，将其掌握。因此，前五条规则又被称为三段论的一般规则，后两条规则又被称为导出规则。这七条规则对于检验三段论的有效性而言，既是充分的又是必要的。也就是说，遵守了这些规则，三段论就是有效的；违反了其中任何一条，三段论就是无效的（错误的）。

第三节 三段论的格与式

一、三段论的格

（一）格的定义与种类

三段论的格就是根据中项在三段论中的不同位置所构成的不同形式的三段论。在大、小前提中，中项可以分别是主项或谓项。因此，中项在前提中共有四种不同的位置，相应的，三段论共有四个格。

在三段论的第一格中，中项是大前提的主项、小前提的谓项；在第二格中，中项是大、小前提的谓项；在第三格中，中项是大、小前提的主项；在第四格中，中项是大前提的谓项、小前提的主项。三段论的四个格可以分别表示如下。

第一格——中项是大前提的主项和小前提的谓项，如下：

M—P

S—M

S—P

第二格——中项是大、小前提的谓项，如下：

P—M

S—M

S—P

第三格——中项是大、小前提的主项，如下：

M—P

M—S

S—P

第四格——中项是大前提的谓项和小前提的主项，如下：

P—M

M—S

S—P

（二）格的规则

三段论的各个格有自己的规则，也称为"三段论的特殊规则"。这些规则是依据三段论的规则结合各格的具体形式推导出来的。它们只是三段论有效的必要条件。

第一格的规则：

（1）小前提必肯定；

（2）大前提必全称。

证明：

规则（1）：假如小前提是否定的，那么根据规则五，结论也是否定的。结论否定，那么结论中的大项就是周延的。根据规则三，大项在大前提中也必须是周延的。大项在大前提中是谓项，必须是周延的，那么大前提只能是否定命题。两个否定的命题，违反了规则四，无法得出结论。所以，假设不成立，小前提必须是肯定的。

规则（2）：小前提是肯定的（已经证明），那么中项在小前提中是不周延的。根据规则二，大前提中的中项就必须是周延的。中项在大前提中是主项，因此是全称命题。

当第一格是肯定命题、小前提也是全称命题时，就是公理甲的格，最能体现三段论的推理逻辑，因此，第一格也被称为"完善格"或"典型格"。

第二格的规则：

（1）前提之一必有一个是否定的；

（2）大前提必全称。

证明：

规则（1）：如果两个前提都是肯定命题，则意味着两个中项都是不周延的，则一定违反规则二（中项至少周延一次）。因此，必须有一个前提是否定命题。

规则（2）：由于前提之一必有一个是否定的（已经证明），则根据规则五，结论也必定是否定命题。结论是否定命题，意味着结论的大项是周延的。根据规则三，大项在大前提中也必然是周延的。在第二格中大项在大前提中做主项，因此，大前提一定是全称命题。

第二格的结论是否定的，用来指出事物之间的区别，因而被称为"区别格"。

第三格的规则：

（1）小前提必肯定；

（2）结论必特称；

（3）前提之一必全称。

证明：

规则（1）：如果小前提是否定命题，则根据规则五，结论也是否定命题。结论是否定命题，则结论中的谓项，也即大项是周延的。根据规则三，在大前提中的大项也是周延的。在第三格中，大项在大前提中作谓项，是周延的，则只能是否定命题。如此，则出现两个否定命题作为前提，违反规则四。因此，小前提不能是否定命题，只能是肯定命题。

规则（2）：因为小前提必肯定（已经证明），因此，小项一定是不周延的。根据规则三，结论的小项，即主项一定是不周延的，因此，结论必定是特称命题。

规则（3）：在第三格中，中项都作主项，根据规则二，中项至少周延一次，因此，前提中必有一个全称命题。

第三格的特点是结论是特称，常用来反驳全称命题，因此被称为"反驳格"。

第四格的规则：

（1）如果两个前提中有一个是否定的，则大前提全称；

（2）如果大前提肯定，则小前提全称；

（3）如果小前提肯定，则结论特称；

（4）任何一个前提都不能是特称否定命题；

（5）结论不能是全称肯定命题。

证明：

规则（1）：如果两个前提中有一个是否定命题，根据规则五，结论必定是否定命题，则大项一定是周延的。根据规则三，大项在大前提中也必定周延。在第四格中，大项在大前提中作主项，因此，大前提一定是全称命题。

规则（2）：如果大前提肯定，则大前提中的中项一定不周延。根据规则二，中项至少周延一次，因此，小前提中的中项必定周延。在第四格中，中项在小前提中作主项，因此，小前提一定是全称命题。

规则（3）：如果小前提是肯定命题，则小项在小前提中一定是不周延的。根据规则三，小项在结论中也不周延，因此，结论一定是特称命题。

规则（4）：如果大前提是特称否定命题，根据规则五，则结论一定是否定命题，大项在结论中一定是周延的。但是，大项在大前提中却是不周延的（特称否定），因此违反规则三，故大前提一定不能是特称否定命题。如果小前提是特称否定命题，根据规则四，则大前提一定是肯定命题，则中项在大前提和小前提中均不周延，违反规则二，因此，小前提一定不能是特称否定命题。

规则（5）：如果结论是全称肯定命题，则前提一定都是肯定命题。小前提是肯定命题，意味着小项在小前提中一定是不周延的。但是结论是全称肯定命题，则意味着小项在结论中是周延的，违反规则三。因此，结论不能是全称肯定命题。

第四格是最不常用的一格，没有什么特殊的用途。

二、三段论的式

三段论的式，就是 A、E、I、O 四种命题在三段论的前提和结论中的各种不同组合形式。换言之，三段论的式就是由于前提与结论的质（肯定与否定）和量（全称或特称）不同，进而形成的不同形式的三段论。

例如，AAA 是一种式，EAE 也是一种式。针对每一个格的三段论，如果再考虑前提和结论的联项和量项的不同，就可以得到某一个格的三段论的具体公式。

例如：

所有黄铜不是金子；

所有黄铜是闪光的；

有些闪光的不是金子。

上例中，三段论的公式就是第三格的 EAO 式，因为它的大前提是 MEP，小前提是 MAS，结论是 SOP。

三段论的格和式相结合，可以将三段论的"读"和"写"有机结合。当有人说，请写出"第三格的 EAO 式"时，你就可以书写出来；而当你看到第三格的 EAO 式时，也可以把它读出来。

在三段论中，A、E、I、O 四种命题都可能分别作为大、小前提和结论。这样，按照前提和结论质、量的不同组合，每格三段论都有 64 个可能式，即 4×4×4=64。三段论共有 4 个格，所以，共有 256 个式。

当然，三段论的式并非都是有效的。而且，大部分式都是无效的。根据三段论的规则，经过筛选，三段论的 256 个式中，共有 24 个有效式。

第一格：AAA，EAE，AII，EIO，(AAI)，(EAO)。
第二格：AEE，EAE，AOO，EIO，(AEO)，(EAO)。
第三格：AII，IAI，OAO，EIO，AAI，EAO。
第四格：AEE，IAI，EIO，EAO，AAI，(AEO)。

其中，括号中的称为弱式。弱式就是本来可以得出全称结论，却只得出特称结论的式。每一格的弱式一般都被包含在前面的一个式中。例如，第一格的 AAI，就被前面的 AAA 所包含。

如果把各格中的弱式再去掉，三段论的有效式共有 19 个。

把握三段论的格与式，可以很好地比较不同三段论的形式，从而寻找不同三段论之间的相同点。

例题 4-5

有些自然物品具有审美价值，所有的艺术品都有审美价值，因此，有些自然物品也是艺术品。

以下哪个推理揭示了上述推理的错误？（　　）

A. 有些有神论者是佛教徒，所有的基督教徒都不是佛教徒，因此，有些有神论者不是基督教徒
B. 某些律师喜欢钻牛角尖，李小鹏是律师，因此，李小鹏喜欢钻牛角尖
C. 有些小保姆接受过专业培训，所有的保安人员都接受过专业培训，因此，有些小保姆兼当保安
D. 有些南方人爱吃辣椒，所有的南方人都习惯吃大米，因此，有些习惯吃大米的人爱吃辣椒

例题 4-6

所有的聪明人都是近视眼，我近视得很厉害，所以我很聪明。

以下哪项与上述推理的逻辑结构一致？（　　）

A. 我是个笨人，因为所有的聪明人都是近视眼，而我的视力那么好

B．所有的猪都有四条腿，但这种动物有八条腿，所以它不是猪
C．小陈十分高兴，所以小陈一定长得很胖，因为高兴的人都能长胖
D．所有的天才都高度近视，我一定是高度近视，因为我是天才
E．所有的鸡都是尖嘴，这种总在树上待着的鸟是尖嘴，因此它是鸡

第四节 三段论的省略式与复合三段论

一、三段论的省略式

（一）省略式的含义与种类

在日常语言中，为了表达的简练，常常将三段论的某一个省略。尽管在表达式中可能省略某个命题，但是从逻辑结构上而言，这个被省略的命题仍然是三段论的必要组成部分。

三段论的省略式，又称为省略三段论，或者非标准形式三段论，是省去一个前提或结论的三段论。省略三段论具有简洁明了的特征，所以，它在人们的实际思想中被广泛地应用。

例如：

"你是共产党员，所以你就应当起模范带头作用。"

这就是一个省略了大前提"共产党员应当起模范带头作用"的省略三段论。当然，省略三段论也可以是省去小前提或省去结论的。一般来说，被省去的部分往往带有不言而喻的性质。因此，在这种推理中，虽然推理的某个部分被省去了，但整个推理还是容易被人们所理解。

由于省略三段论中省去了三段论的某一构成部分，因此，如果运用不当，就容易隐藏各种逻辑错误。

例如：

"我又不是哲学系的学生，我不需要学哲学。"

这就是一个隐藏逻辑错误的省略三段论。当人们补充上省略的部分后，就可以清楚地发现其中的错误。这个三段论的完整形式是这样的："凡是哲学系的学生都要学哲学，我不是哲学系的学生，因此，我不需要学哲学。"这个三段论显然是错误的，因为它违反了三段论第一格的规则：小前提必须是肯定命题，因而，在结论中也就犯了"大项不当扩大"的逻辑错误。

省略式的省略分为三种情况：省略结论、省略大前提、省略小前提。

省略结论，是指当结论不言自明时将其省略。这样可以收获"意味悠长"的感觉。当然，省略结论是不常见的一种省略式，通常所说的省略式，一般是指省略前提。

省略大前提，是指当大前提所反映的一般原理是众所周知的道理时，经常在日常语言中将其省略。

省略小前提，是指当小前提所反映的特殊对象与大前提所反映的一类对象之间的联系十分明显时，在日常语言中经常将其省略。

（二）省略式的恢复

在判断一个省略三段论是否有效时，需要对省略的部分进行补充，把省略式恢复成完整式。省略三段论的恢复步骤如下。

（1）确定结论是否被省略。结论是确定三段论各个部分的关键，只要三段论的结论没有被省略，其他内容就可以根据结论来确定。当然，当省略的是结论时，就可以直接运用三段论的规则，将结论推理出来。从某种意义上而言，结论的恢复，不是恢复省略式，而是将三段论的结论"推理"出来。

（2）当结论没有被省略时，根据结论确定大、小项。如果大项在省略三段论的前提中没有出现，说明省略的是大前提；如果小项在省略三段论的前提中没有出现，说明省略的是小前提。

（3）根据三段论的规则，对省略的部分进行补充。

例题 4-7

德国人都是白种人，有些德国人不是日耳曼人。

如果以上命题为真，则以下哪项必为真？（　　）

A．有些白种人是日耳曼人　　　　B．有些白种人不是日耳曼人
C．有些日耳曼人是白种人　　　　D．有些日耳曼人不是白种人
E．有些德国人是日耳曼人

例题 4-8

有些导演留大胡子，因此，有些留大胡子的人是大嗓门。

为了使上述推理成立，必须补充以下哪项作为前提？（　　）

A．有些导演是大嗓门　　　　　　B．所有大嗓门的人都是导演
C．所有导演都是大嗓门　　　　　D．有些大嗓门的人不是导演
E．有些导演不是大嗓门

二、复合三段论

复合三段论，是由两个或两个以上的三段论构成的特殊的三段论形式。其中，前一个三段论的结论组成后一个三段论的前提。它有以下两种形式。

（1）前进式的复合三段论。它是以前一个三段论的结论作为后一个三段论的大前提的复合三段论。例如：

一切造福于人类的知识都是有价值的；
科学是造福于人类的知识；
所以，科学是有价值的。
社会科学是科学；
所以，社会科学是有价值的。

逻辑学是社会科学；

所以，逻辑学是有价值的。

在这个推理中，思维的进程是由范围较广的概念逐渐推移到范围较狭的概念，由较一般的知识推进到较特殊的知识。

（2）后退式的复合三段论。它是以前一个三段论的结论作为后一个三段论的小前提的复合三段论。例如：

逻辑学是社会科学；

社会科学是科学；

所以，逻辑学是科学。

科学是造福于人类的知识；

所以，逻辑学是造福于人类的知识。

一切造福于人类的知识都是有价值的；

所以，逻辑学是有价值的。

在这个推理中，思维的进程是由范围较狭的概念逐渐推移到范围较广的概念，由较特殊的知识推进到较一般的思维，即其思维推移的顺序正好和前进式相反。

例题 4-9

王晶：因为李军是优秀运动员，所以，他有资格进入名人俱乐部。

张华：但是因为李军吸烟，他不是年轻人的好榜样，因此，李军不应被名人俱乐部接纳。

张华的论证使用了以下哪项作为前提？（　　）

Ⅰ．有些优秀运动员吸烟。

Ⅱ．所有吸烟者都不是年轻人的好榜样。

Ⅲ．所有被名人俱乐部接纳的都是年轻人的好榜样。

A．仅Ⅰ　　　　　　　　B．仅Ⅱ

C．仅Ⅲ　　　　　　　　D．仅Ⅱ和Ⅲ　　　　　　E．Ⅰ，Ⅱ和Ⅲ

本章小结

1．性质命题的间接推理，是指由两个性质命题为前提所构成的推理。性质命题的间接推理主要是直言三段论，简称三段论。所谓三段论，是指由两个含有共同项的性质命题为前提进而得出一个新的性质命题作为结论的演绎推理。

2．一个正确的三段论推理，必须遵循以下七条规则：在一个三段论中，有且只能有三个不同的概念；中项在前提中至少必须周延一次；在前提中不周延的项，在结论中也不得周延；两个否定前提不能推出结论；前提之一是否定命题，结论也应当是否定命题，结论是否定命题，前提之一必须是否定命题；两个特称命题作为前提不能得出结论；前提之一是特称命题，结论必然是特称命题。违反了其中的任何一条规则，都不是正确的三段论推理。其中，前五条规则是基本规则，后两条规则是延伸规则，可以根据前五条规则证明出来。

3. 三段论的格就是根据中项在三段论中的不同位置所构成的不同形式的三段论。在大、小前提中，中项可以分别是主项或谓项。因此，中项在前提中共有四种不同的位置，相应的，三段论共有四个格。在第一格中，中项是大前提的主项、小前提的谓项；在第二格中，中项是大、小前提的谓项；在第三格中，中项是大、小前提的主项；在第四格中，中项是大前提的谓项、小前提的主项。

4. 三段论的式，就是 A、E、I、O 四种命题在三段论的前提和结论中的各种不同组合形式。换言之，三段论的式就是由于前提与结论的质（肯定与否定）和量（全称或特称）不同，进而形成的不同形式的三段论。三段论的式并非都是有效的。经过筛选，三段论的 256 个式中，共有 24 个有效式。

5. 三段论的省略式，又称为省略三段论，或者非标准形式三段论，是省去一个前提或结论的三段论。省略式的省略分为三种情况：省略结论、省略大前提、省略小前提。恢复步骤包括：确定结论是否被省略；当结论没有被省略时，根据结论确定大、小项；根据三段论的规则，对省略的部分进行补充。

复习思考题

一、证明题

1. 请将三段论第一格的规则证明出来。
2. 请将三段论第二格的规则证明出来。
3. 请将三段论第三格的规则证明出来。
4. 请将三段论第四格的规则证明出来。
5. 结论是全称肯定命题的有效三段论，只能是第一格的 AAA 式。
6. 结论是全称命题的有效三段论，其中项不得两次周延。
7. 如果一个有效三段论的大前提是特称否定命题，那么，该三段论是第三格的 OAO 式。

二、填空题

1. 如果一个三段论中的小项在结论中周延，那么，它在前提中应（　　　）。否则，就会犯（　　　）的逻辑错误。
2. "所有的金属都是导电的，铜是导电的，所以铜是金属。"这一三段论属于第（　　　）格的（　　　）式。这一三段论违背了（　　　）规则。
3. 犯三段论规则中"四概念"的错误，从逻辑规律的角度看，是一种违反（　　　）律的逻辑错误。

三、选择题

1. 某些经济学家是大学数学系的毕业生。因此，某些大学数学系的毕业生是对企业经营很有研究的人。

下列哪项如果为真，则能够保证上述论断的正确？（　　　）

A．某些经济学家专攻经济学的某一领域，对企业经营没有太多研究

B．某些对企业经营很有研究的经济学家不是大学数学系毕业的

C. 所有对企业经营很有研究的人都是经济学家

D. 某些经济学家不是大学数学系的毕业生，而是学经济学的

E. 所有的经济学家都是对企业经营很有研究的人

2. 所有名词是实词，动词不是名词，所以动词不是实词。

以下哪项推理与上述推理在结构上最为相似？（　　）

A. 凡细粮都不是高产作物，因为凡薯类都是高产作物，凡细粮都不是薯类

B. 先进学生都是遵守纪律的，有些先进学生是大学生，所以大学生都是遵守纪律的

C. 铝是金属，又因为金属都是导电的，因此铝是导电的

D. 虚词不能独立充当句法成分，介词是虚词，所以介词不能独立充当句法成分

E. 实词能独立充当句法成分，连词不能独立充当句法成分，所以连词不是实词

3. 大山中学所有骑自行车上学的学生都回家吃午饭，因此，有些家在郊区的大山中学的学生不骑自行车上学。

为了使上述论证成立，以下哪项关于大山中学的断定是必须假设的？（　　）

A. 骑自行车上学的学生都不在郊区　　　B. 回家吃午饭的学生都骑自行车上学

C. 家在郊区的学生都不回家吃午饭　　　D. 有些家在郊区的学生不回家吃午饭

4. 在本届运动会上，所有参加 4×100 米比赛的田径运动员都参加了 100 米比赛。再加上以下哪项陈述，可以合乎逻辑地推出"有些参加 200 米比赛的田径运动员没有参加 4×100 米比赛"？（　　）

A. 有些参加 200 米比赛的田径运动员也参加了 100 米比赛

B. 有些参加 4×100 米比赛的田径运动员没有参加 200 米比赛

C. 有些没有参加 100 米比赛的田径运动员参加了 200 米比赛

D. 有些没有参加 200 米比赛的田径运动员也没有参加 100 米比赛

5. 以"所有的 A 是 B"和"所有的 B 是 C"为前提进行三段论推理，能必然推出的结论是（　　）。

A. 所有的 C 是 A　　　　　　　　　　B. 所有的 B 不是 A

C. 有的 C 是 B　　　　　　　　　　　D. 有的 C 是 A

 ## 本章参考答案

例题参考答案

习题参考答案

第五章 复合命题及其推理

本章重点

- 掌握联言命题及其推理。
- 掌握选言命题及其推理。
- 掌握充分条件和必要条件假言命题及其推理。
- 掌握复合命题的负命题。
- 掌握多重复合推理。
- 理解假言命题与选言命题等恒等式的内在关系。
- 了解充要条件假言命题及其推理。

导语

复合命题是包含了其他命题的一种命题,具体包括联言命题、选言命题和假言命题三种。其中,联言命题是断定事物的若干种情况同时存在的命题。选言命题是断定事物若干种可能情况的命题,又可以细分为相容选言命题和不相容选言命题。假言命题是断定事物情况之间条件关系的命题,具体可以分为充分条件假言命题、必要条件假言命题、充要条件假言命题。对于假言命题及其推理要深入掌握,需要深入理解充分条件和必要条件的含义及其关系。三种复合命题各自与自己的负命题构成矛盾关系。不同的复合命题之间组合,可以形成多重复合推理,其中包括假言连锁推理、反三段论和二难推理。

第一节 联言命题及其推理

复合命题是包含了其他命题的一种命题,一般来说,它是由若干个(至少一个)简单命题通过一定的逻辑联结词组合而成的。复合命题包括联言命题、选言命题和假言命题。

一、联言命题

联言命题是断定事物的若干种情况同时存在的命题。

例如:"文艺创作既要讲思想性,又要讲艺术性"就断定了"文艺创作要讲思想性"和"文艺创作要讲艺术性"这两种情况同时存在。

联言命题所包含的肢命题称为联言肢。在现代汉语中表达联言命题的逻辑联结词通常有"……和……""既……又……""不但……而且……""一方面……另一方面……""虽然……但是……",等等。

如果取"并且"作为联言命题的典型联结词，用"p""q"等来表示联言肢，那么联言命题的形式可表示为

p 而且 q

逻辑上则表示为 p∧q（读作"p 合取 q"）。其真假关系如表 5-1 所示。

表 5-1　联言命题的真假关系

p	q	p∧q
真	真	真
真	假	假
假	真	假
假	假	假

例如：联言判断"鲁迅不仅是文学家，并且还是思想家"，只有在"鲁迅是文学家"和"鲁迅是思想家"都真的情况下是真的，在其余情况下都是假的。

需要指出的是，在现代汉语中用"但是""还""尽管"等联结词所联结而成的联言命题并不完全等同于用"∧"所联结而成的合取式。对前者来说，顺序是不能随意颠倒的，例如："他获得了奥运会的金牌，并且参加了奥运会"就是一个在逻辑上可接受的联言命题。但从日常思维来说却是不恰当的。因为它的两个肢命题在意义上前后顺序被颠倒了，同样，"他参加了亚运会，并且雪是白的"在逻辑上可以为真。

德国诗人海涅是一个犹太人，常遭人耻笑和攻击。某次，一位学者对他说："我最近刚从塔希提岛旅行回来，你猜最使我惊讶的是什么？——这个岛上既没有犹太人，也没有驴子！"海涅立即回敬道："我俩一起到那岛上去，那就既有犹太人，又有驴子了！"

二、联言推理

联言推理，就是前提或结论为联言命题，并且根据联言命题的逻辑性质来进行推演的推理。联言推理可以分为分解式和组合式。

（一）分解式

分解式是由前提中的联言命题为真，推出其任一肢命题为真的推理。分解式的逻辑形式可以表述为

p 并且 q，所以 p

或者

p 并且 q，所以 q

如果采用逻辑符号表示的话，就是

p∧q，∴p

或者

p∧q，∴q

在实际思维中，当人们的认识从肯定总体到突出重点时，联言推理的分解式非常有用。

（二）组合式

组合式，就是由前提中的全部命题为真，推出这些命题为肢命题的联言命题为真的推理。组合式的逻辑形式可以表述为

p，q，所以 p 并且 q

如果采用逻辑符号表示的话，就是

p，q，∴p∧q

在实际思维中，组合式可以帮助人们将认识由分析上升为综合。

第二节　选言命题及其推理

一、选言命题

选言命题是断定事物若干种可能情况的命题。

例如：

"小明或者高，或者胖。"

"一个物体要么是固体，要么是液体，要么是气体。"

选言命题也是由两个以上的肢命题组成的，包含在选言命题里的肢命题称为选言肢。如上例中，"一个物体是固体""一个物体是液体""一个物体是气体"这三个命题就是前一个选言命题的三个选言肢。

选言命题可以分为两种：相容的选言命题和不相容的选言命题。

（一）相容的选言命题

断定事物若干种可能情况中至少有一种情况存在的选言命题就是相容的选言命题。

例如："艺术作品质量差，也许由于内容不好，也许由于形式不好。"

这个命题就表达了相容的选言命题，所断定的事物的若干可能情况是可以并存的。"内容不好"和"形式不好"也可共同导致"艺术作品质量差"这一结果。

表达相容的选言命题的逻辑联结词通常有"或……或……""可能……也可能……""也许……也许……"等。通常用如下形式来表示相容的选言命题：

p 或者 q

逻辑上则表示为：p∨q（读作"p 析取 q"）。其真假关系如表 5-2 所示。

表 5-2　相容的选言命题的真假关系

p	q	p∨q
真	真	真
真	假	真
假	真	真
假	假	假

例如：相容联言命题"小张学习成绩不理想或因学习方法不对，或因不努力"，只有在"小张学习方法不对"和"小张不努力"都假的情况下是假的，其余情况下都是真的。

（二）不相容的选言命题

不相容的选言命题是断定事物若干可能情况中有而且只有一种情况存在的命题。

例如：

"一个三角形，要么是钝角三角形，要么是锐角三角形，要么是直角三角形。"

"不是老虎吃掉武松，就是武松打死老虎。"

这两个命题都表达了不相容的选言命题。它们分别断定的关于事物的几种可能情况是不能并存的。

表达不相容的选言命题的联结词有"要么……要么……""或……或……二者不可兼得""或……或……二者必居其一""不是……就是……"等。通常用如下形式来表示不相容的选言命题：

要么 p，要么 q

逻辑上可以表示为 p∀q（读作"p 绝对析取 q"）。其真假关系如表 5-3 所示。

表 5-3　不相容的选言命题的真假关系

p	q	p∀q
真	真	假
真	假	真
假	真	真
假	假	假

二、选言推理

选言推理就是前提中有一个是选言命题，并且根据选言命题的逻辑性质进行推演的推理。它可以分为相容选言推理和不相容选言推理。

（一）相容选言推理

相容选言推理，就是前提中有一个是相容选言命题的推理。因为相容的选言命题的各选言肢是可以同时为真的，所以，不可以通过肯定选言前提中的一部分选言肢为真而推出其另外的选言肢为假，而只能通过否定选言前提中的一部分选言肢而在结论中肯定其另外的选言肢。因此，相容的选言推理的规则有两条：

（1）否定一部分选言肢，就要肯定另一部分选言肢；

（2）肯定一部分选言肢，不能否定另一部分选言肢。

可用如下逻辑形式来表示：

$$\frac{p\text{或者}q}{\quad\text{非}p\quad} \quad \text{或者} \quad \frac{p\text{或者}q}{\quad\text{非}q\quad}$$
$$\phantom{\frac{p\text{或者}q}{}}q \phantom{\quad\text{或者}\quad\frac{p\text{或者}q}{}}p$$

例如：

他或者是演员或者是导演；

<u>他不是演员；</u>

所以他是导演。

如果采用逻辑符号表示的话，就是

$$\frac{p \vee q \quad \neg p}{q} \quad 或者 \quad \frac{p \vee q \quad \neg q}{p}$$

这称之为相容的选言推理的否定肯定式。否定肯定式是有效式。

相容的选言推理的肯定否定式是无效式。因为对于相容的选言命题来说，其选言肢是可以并存的，可以同真。所以，断定了一部分选言肢为真，不能因此就断定其他选言肢为假，也可能所有的选言肢都是真的。

（二）不相容选言推理

不相容选言推理，就是前提中有一个是不相容选言命题的推理。

根据不相容选言命题的逻辑性质（选言肢不能同真），不相容选言推理有两条规则：

（1）肯定一个选言肢，就要否定其余的选言肢；

（2）否定一个选言肢以外的选言肢，就要肯定未被否定的那个选言肢。

可用如下逻辑形式来表示：

$$\frac{要么p要么q \quad 非p}{q} \quad 或 \quad \frac{要么p要么q \quad 非q}{p}$$

否定肯定式：

例如：

要么老虎吃掉武松，要么武松打死老虎；

<u>老虎没有吃掉武松；</u>

武松打死老虎。

如果采用逻辑符号表示的话，就是

$$\frac{p \veebar q \quad \neg p}{q} \quad 或者 \quad \frac{p \veebar q \quad \neg q}{p}$$

肯定否定式：

例如：

要么张三是小偷，要么李四是小偷；

<u>张三是小偷；</u>

李四不是小偷。

如果采用逻辑符号表示的话，就是

$$\frac{p \vee q,\ \neg p}{q} \quad 或者 \quad \frac{p \vee q,\ \neg q}{p}$$

对于不相容选言推理而言，否定肯定式和肯定否定式都是有效式。

例如：布什在"9·11"后为了"反恐统一战线"明确地说："凡不是美国朋友的国家都是敌人。"但是，布什在前后的多次公开谈话中却一直认为"中国既不是朋友也不是敌人"。看来布什是犯了逻辑错误。

例题 5-1

已知：

第一，《神鞭》首次翻译出版用的或者是英语或者是日语，二者必居其一。

第二，《神鞭》首次翻译出版或者在旧金山或者在东京，二者必居其一。

第三，《神鞭》的译者或者是林浩如或者是胡乃初，二者必居其一。

如果上述断定都是真的，则以下哪项也一定是真的？（   ）

Ⅰ.《神鞭》不是林浩如用英语在旧金山首次翻译出版的，因此，《神鞭》是胡乃初用日语在东京首次翻译出版的。

Ⅱ.《神鞭》是林浩如用英语在东京首先翻译出版的，因此，《神鞭》不是胡乃初用日语在东京首先翻译出版的。

Ⅲ.《神鞭》首次翻译出版是在东京，但不是林浩如用英语翻译出版的，因此一定是胡乃初用日语翻译出版的。

A. 仅Ⅰ   B. 仅Ⅱ
C. 仅Ⅲ   D. 仅Ⅱ和Ⅲ   E. Ⅰ，Ⅱ和Ⅲ

例题 5-2

某地有两个奇怪的村庄，张庄的人在星期一、三、五说谎，李村的人在星期二、四、六说谎。在其他日子他们说实话。一天，外地的王从明来到这里，见到两个人，分别向他们提出关于日期的问题。两个人都说："前天是我说谎的日子。"

如果被问的两个人分别来自张庄和李村，以下哪项判断最可能为真？（   ）

A. 这一天是星期五或星期日   B. 这一天是星期二或星期四
C. 这一天是星期一或星期三   D. 这一天是星期四或星期五
E. 以上都不对

第三节 假言命题及其推理

假言命题是断定事物情况之间条件关系的命题。假言命题中，表示条件的肢命题称为假言命题的前件，表示依赖该条件而成立的命题称为假言命题的后件。假言命题因其所包含的联结词的不同而具有不同的逻辑性质。

一、充分条件的假言命题及其推理

（一）充分条件的假言命题

充分条件的假言命题是指前件是后件的充分条件的假言命题。所谓前件是后件的充分条件是指：如果存在前件所断定的情况，就一定有后件所断定的事物情况。

例如："如果你骄傲自满，那么你就要落后。"

这就是一个充分条件的假言命题。因为，在这个假言命题中，前件"你骄傲自满"，就是后件"你要落后"的充分条件。因为一个人只要他有骄傲自满的思想存在，他就必然要落后。但是，如果一个人没有骄傲自满的思想，他是否会落后呢？在这一命题中则未做断定。

例如，大作家萧伯纳成名后，舞蹈家邓肯向他求爱说："如果你答应同我结婚，我会为你生下一个像你一样聪明、像我一样漂亮的孩子。"萧伯纳也如法炮制地说："如果你嫁给我，生下来的孩子就会像我一样难看、像你一样愚蠢。"

充分条件的假言命题，其联结词的语言标志通常是"如果……那么……""只要……就……""倘若……则……""有……就有……""假如……就……"，等等。充分条件的假言命题的逻辑公式是

如果 p，那么 q

逻辑上则表示为：p→q（读作"p 蕴涵 q"）。

p 是 q 的充分条件是指：有 p 必有 q，但无 p 未必无 q（因而，无 q 必无 p，有 q 未必有 p）。

充分条件的假言判断的标准形式是"如果 p，那么 q"，其真假关系如表 5-4 所示。

表 5-4　充分条件的假言命题的真假关系

p	q	p→q
真	真	真
真	假	假
假	真	真
假	假	真

例如：充分条件的假言判断"如果严重砍伐森林，那么就会水土流失"，只有在"严重砍伐森林但水土没有流失"的情况下才是假的，在其他情况下都是真的。

但同时也要注意的是，人们在实际思维过程中运用一个充分条件的假言命题时，并不只是考虑其前后件的真假关系，同时，还必须考虑其前后件之间在内容上的联系。例如："如果雪是白的，那么，长江是中国最长的河流。"

按照其逻辑联结词来看，这是一个充分条件的假言命题。而且，根据充分条件假言

命题的真值表，由于其前后件都真，因而，也是一个真的充分条件假言命题。但是，从其具体内容来看，其前后件之间却是没有必然联系的，而仅仅存在着一种纯粹真假关系上的联系。

（二）充分条件的假言推理

充分条件的假言推理相应地有如下两条规则。

（1）肯定前件就要肯定后件，否定后件就要否定前件；

（2）否定前件不能否定后件，肯定后件不能肯定前件。

①肯定前件式。

如果 p，那么 q

p

q

如果采用逻辑符号表示的话，就是：

p→q

p

q

例如：

如果甲患肺炎，那么甲发烧；

甲患肺炎；

甲发烧。

②否定后件式。

如果 p，那么 q

非 q

非 p

如果采用逻辑符号表示的话，就是：

p→q

¬q

¬p

例如：

如果甲在现场，那么乙在现场；

乙不在现场；

甲不在现场。

肯定前件式和否定后件式都是充分条件假言推理的有效式。

充分条件的假言推理还有两个推理：否定前件式和肯定后件式。否定前件式和肯定后件式都不是充分条件的假言推理的有效式，对于充分条件的假言推理来说它们都是无效的。

①否定前件式。

如果 p，那么 q

非 p

非 q

如果采用逻辑符号表示的话，就是

p→q

¬p

¬q

②肯定后件式。

如果 p，那么 q

q

p

如果采用逻辑符号表示的话，就是

p→q

q

p

例如：

如果某人窒息时间过长，某人就会死亡；

某人没有窒息时间过长；

某人不会死亡。

导致死亡的原因很多，不一定是窒息时间过长。此推理无效。

再如：

如果此物体受到摩擦，那么它就会生热；

此物体发热；

此物体受到摩擦。

物体发热的原因很多，不一定就是受到摩擦。此推理无效。

例题 5-3

如果秦川考试及格了，那么钱华、孙旭和沈楠肯定也都及格了。

如果上述断定是真的，那么，以下哪项也是真的？（　　）

A. 如果秦川考试没有及格，那么钱、孙、沈三人中至少有一人没有及格

B. 如果秦川考试没有及格，那么钱、孙、沈三人都没及格

C. 如果钱、孙、沈考试都及格了，那么秦川考试也肯定及格了

D. 如果沈楠考试没有及格，那么钱华和孙旭不会都考及格

E. 如果孙旭考试没有及格，那么秦川考试也不会及格

例题 5-4

如果风很大，我们就会放飞风筝。

如果天空不晴朗，我们就不会放飞风筝。

如果天气很暖和，我们就会放飞风筝。

假定上面的陈述属实，如果我们现在正在放飞风筝，则下面的哪项也必定是真的？（　　）

Ⅰ．风很大。

Ⅱ．天空晴朗。

Ⅲ．天气暖和。

A．仅Ⅰ　　　　　　　B．仅Ⅰ，Ⅲ

C．仅Ⅲ　　　　　　　D．仅Ⅱ　　　　　　　E．仅Ⅱ，Ⅲ

二、必要条件的假言命题及其推理

（一）必要条件的假言命题

必要条件的假言命题是指前件是后件的必要条件的假言命题。所谓前件是后件的必要条件是指：如果不存在前件所断定的情况，就不会有后件所断定的事物情况，即前件所断定的事物情况的存在，对于后件所断定的事物情况的存在来说是必不可少的。

例如：

只有深入生活，才能深刻地反映生活。

不具备一定的专业知识，就不能做好工作。

这些都是必要条件的假言命题。

表达必要条件的假言命题的联结词有"只有……才……""不……（就）不……""如果不……就不……""除非……否则不……""除非……不……""除非……才……"，等等。一般把必要条件的假言命题表述成如下形式：

只有 p，才 q

逻辑上则表示为：p←q（读作"p 反蕴涵 q"）。

p 是 q 的必要条件是指：无 p 必无 q，但有 p 未必有 q（因而有 q 必有 p，无 q 未必无 p）。

必要条件的假言判断的标准形式是"只有 p，才 q"，其真假关系如表 5-5 所示。

表 5-5　必要条件的假言命题的真假关系

p	q	p←q
真	真	真
真	假	真
假	真	假
假	假	真

（二）必要条件的假言推理

必要条件的假言推理也相应地有如下两条规则。

（1）否定前件就要否定后件，肯定后件就要肯定前件；

（2）肯定前件不能肯定后件，否定后件不能否定前件。

根据上述推理规则，必要条件的假言推理有两个有效的推理形式。

①否定前件式。

只有 p，才 q

非 p

非 q

如果采用逻辑符号表示的话，就是

p←q

¬p

¬q

例如：

只有张三年满 18 岁，他才有选举权；

张三没有年满 18 岁；

张三没有选举权。

②肯定后件式。

只有 p，才 q

q

p

如果采用逻辑符号表示的话，就是

p←q

q

p

例如：

只有他认识错误，他才能改正错误；

他改正了错误；

他认识了错误。

否定前件式和肯定后件式都是必要条件的假言推理的有效式。

必要条件的假言推理还有两个推理：肯定前件式和否定后件式。肯定前件式和否定后件式都不是必要条件的假言推理的有效式，对于必要条件的假言推理来说它们都是无效的。

①肯定前件式。

只有 p，才 q

P

q

如果采用逻辑符号表示的话，就是

p←q

p

q

②否定后件式。

只有 p，才 q

非 q

非 p

如果采用逻辑符号表示的话，就是

p←q

q

p

例如：

只有努力学习，才能攀登科学高峰；

他努力学习了；

他攀登科学高峰了。

"努力学习"只是"能攀登科学高峰"的必要条件。努力学习的人很多，不一定都能攀登科学高峰。此推理无效。

再如：

只有老师教得好，学生才会学得好；

学生学不好；

老师教不好。

学生学不好的原因很多，不一定是老师教不好。此推理无效。

充分条件和必要条件之间存在着密切的联系，这就是：

①如果 p 是 q 的充分条件，那么 q 就是 p 的必要条件；

②如果 p 是 q 的必要条件，那么 q 就是 p 的充分条件。

因此：

①"如果 p，那么 q"等值于"只有 q，才 p"；

②"只有 p，才 q"等值于"如果 q，那么 p"。

如果用"→"表示"如果……那么……"，用"←"表示"只有……才……"，用"↔"表示"等值于"，我们可以进一步把①和②分别表示为

①（p→q）↔（q←p）

②（p←q）↔（q→p）

举例来说：

"如果张三患肺炎，那么他发烧"等值于"只有张三发烧，他才患肺炎"。

"张三患肺炎"是"张三发烧"的充分条件，同时，"张三发烧"是"张三患肺炎"的必要条件，即如果张三不发烧，他就不会患肺炎。

此外，不管是充分条件，还是必要条件，它们和自己的逆否命题之间都是等值的。

① (p→q) ↔ (¬q→¬p)

② (p←q) ↔ (¬p←¬q)

逆否命题与原命题之间的这种等值关系，可以为人们寻找相同的逻辑关系奠定很好的基础，也是一个有效的简化思路的工具和途径。

例题 5-5

柏拉图学院的门口竖着一块牌子"不懂几何者不得入内"。这天，来了一群懂几何的人。如果牌子上的话得到准确的理解和严格执行的话，以下断定中，只有一项是真的，这一真的断定是（   ）。

A. 他们可能会被允许进入 　　B. 他们一定会被允许进入

C. 他们一定不会被允许进入　　D. 他们不可能会被允许进入

E. 他们不可能不会被允许进入

例题 5-6

有人说："只有肯花大价钱的足球俱乐部，才进得了中超足球联赛。"如果以上命题是真的，可能出现的情况是（   ）。

Ⅰ. 某足球俱乐部花了大价钱，没有进中超。

Ⅱ. 某足球俱乐部没有花大价钱，进了中超。

Ⅲ. 某足球俱乐部没有花大价钱，没有进中超。

Ⅳ. 某足球俱乐部花了大价钱，进了中超。

A. 只有Ⅳ 　　　　　　　　　　B. Ⅰ，Ⅱ，Ⅲ

C. Ⅲ，Ⅳ 　　　　　　　　　　D. Ⅰ，Ⅲ，Ⅳ

需要进一步说明的是，如果是唯一的必要条件，那么必要条件也就变成了充分条件。或者更进一步说，就是下面我们马上要论述的充要条件。

例题 5-7

未完成某一电力安全程序课程的人不能在帕克郡登记成为一名电工。在帕克郡技术大学主修计算机科技的所有学生在毕业前必须完成那门课。因此，任何在大学主修计算机科技的毕业生都可以在帕克郡登记成为一名电工。

上面论述的推理是有问题的，因为论述中没有建立（   ）。

A. 完成电力安全程序课程的每个人对这个程序都一样了解

B. 在帕克郡技术大学主修计算机科技并且完成电力安全程序课程的所有学生最终都能毕业

C. 完成电力安全程序课程是在帕克郡登记成为一名电工所有的必要条件
D. 一个人想对电力安全程序了解的唯一方法是参加这些程序的课程
E. 在帕克郡技术大学有资格参加电力安全课程的学生仅是主修计算机科技的学生

三、充分必要条件的假言命题及其推理

充分必要条件的假言命题，也可以简称为充要条件的假言命题，是指前件既是后件的充分条件，也是其必要条件的假言命题。

例如："人不犯我，我不犯人；人若犯我，我必犯人""当且仅当三角形三内角相等，该三角形是等边三角形"，等等，都是这种充分必要条件的假言命题。

表达充分必要条件的假言命题的联结词有"只要而且只有……才……""若……则……且若不……则不……""当且仅当……则……"，等等。一般将其表示为如下形式：

当且仅当 p，则 q

逻辑上则表示为　p↔q　（读作"p 等值于 q"）。

p 是 q 的充分必要条件是指：有 p 必有 q，无 p 必无 q（因而，有 q 必有 p，无 q 必无 p）。其真假关系如表 5-6 所示。

表 5-6　充要条件的假言命题的真假关系

p	q	p↔q
真	真	真
真	假	假
假	真	假
假	假	真

于充分必要的假言命题的推理而言，其四个推理都是有效式。由于充分必要条件的逻辑关系相对简单，不是逻辑教学的重点，有兴趣的读者可以自己列举一下其推理形式。

第四节　负命题及其等值推理

在性质命题的部分，我们已经认识了负命题。所谓负命题，是通过对原命题断定情况的否定而做出的命题。例如：

"并非一切金属都是固体。"

"并非有的金属不是固体。"

下面，将分析复合命题的负命题。

一、联言命题的负命题

由于联言命题只要其肢命题有一个为假，该命题就是假的，因此，联言命题的负命题是一个相应的选言命题。

"p∧q"的负命题等值于"¬p∨¬q"。即

$(p \wedge q) \leftrightarrow (\neg p \vee \neg q)$

例如:"某人工作既努力又认真。"这个联言命题的负命题不是"某人工作既不努力又不认真"这个联言命题,而是"某人工作或者不努力,或者不认真"这样一个联言命题。

二、选言命题的负命题

由于选言命题有两种,因此,也有其各自对应的负命题。

(一) 相容选言命题的负命题

"p∨q"的负命题等值于"¬p∧¬q"。即

$(p \vee q) \leftrightarrow (\neg p \wedge \neg q)$

例如:"这个学生或者是共产党员,或者是共青团员。"这一选言命题的负命题就不是"这个学生或者不是共产党员,或者不是共青团员",而只能是"这个学生既不是共产党员,又不是共青团员"这样一个联言命题。

(二) 不相容选言命题的负命题

"p∀q"的负命题等值于"p∧q,或者,¬p∧¬q"。即

$(p \veebar q) \leftrightarrow (p \wedge q) \vee (\neg p \wedge \neg q)$

三、假言命题的负命题

由于假言命题有三种,因此,也有其对应的负命题。

(一) 充分条件的假言命题的负命题

"p→q"的负命题与"p∧¬q"等值。即

$(p \to q) \leftrightarrow (p \wedge \neg q)$

由于充分条件的假言命题只有当其前件真、后件假时,它才是假的,因此,一个充分条件的假言命题的负命题,只能是一个相应的联言命题。例如:"如果小李身体好,那么小李就会学习好",其负命题则为"小李身体好,但小李学习不好"这样一个联言命题。

(二) 必要条件的假言命题的负命题

"p←q"等值于"¬p∧q"。即

$(p \leftarrow q) \leftrightarrow (\neg p \wedge q)$

例如:"只有一个人骄傲自满,这个人才会落后。"其负命题则为:"一个人不骄傲自满,但这个人却落后了。"

(三) 充分必要条件的假言命题的负命题

由于充分必要条件的假言命题,其前件既是后件的充分条件,又是后件的必要条件,因而,对于一个充分必要条件的假言命题来说,其负命题既可以是相应的充分条件假言命题的负命题,也可以是相应的必要条件假言命题的负命题。如用公式来表示则为:

"当且仅当p,则q"的负命题等值于(p∧¬q)∨(¬p∧q)。即

$(p \leftrightarrow q) \leftrightarrow (p \wedge \neg q) \vee (\neg p \wedge q)$

例如：

"并非：小张既会唱歌，又会跳舞。"等值于"小张或者不会唱歌，或者不会跳舞。"

"并非：小张当选或小李当选。"等值于"小张和小李都没当选。"

"并非：要么小张当选，要么小李当选。"等值于"小张和小李都当选，或者，小张和小李都不当选。"

"并非：如果天下雨，那么会议延期。"等值于"天下雨但会议不延期。"

"并非：只有是天才，才能创造发明。"等值于"不是天才，也能创造发明。"

在这里介绍一个非常有趣的命题关系。在假言命题中，存在两个非有用的常恒等式。在充分条件假言命题的负命题中：

¬（p→q）= p∧¬q

在上述的等值式两边各加"¬"，则变成

¬¬（p→q）= ¬（p∧¬q）

左边的两个抵消，右边的将其简化，则变成如下恒等式：

p→q = ¬p∨q

同理，必要条件假言命题的恒等式是

p←q = p∨¬q

例题 5-8

总经理："我主张小王和小孙中至少提拔一人。"

董事长："我不同意。"

董事长的意思是（　　）。

A．小王、小孙都提拔　　　　　　　　B．小王、小孙都不提拔

C．提拔小王，但不提拔小孙　　　　　D．提拔小孙，但不提拔小王

例题 5-9

总经理："我主张小王和小孙中至多提拔一人。"

董事长："我不同意。"

董事长的意思是（　　）。

A．小王、小孙都提拔　　　　　　　　B．小王、小孙都不提拔

C．提拔小王，但不提拔小孙　　　　　D．提拔小孙，但不提拔小王

例题 5-10

甲："吸烟就要患癌症。"

乙："我不同意你的看法。"

乙的意思是（　　）。

A．不吸烟也患癌症　　　　　　　　　B．吸烟也不患癌症

C．不吸烟也不患癌症　　　　　　　　D．不可能吸烟而不患癌症

例题 5-11

小董并非既懂英文又懂法语。

如果上述断定为真，那么下述哪项断定必定为真？（　　）

A．小董懂英文但不懂法语

B．小董懂法语但不懂英文

C．小董既不懂英文也不懂法语

D．如果小董懂英文，那么小董一定不懂法语

E．如果小董不懂法语，那么他一定懂英文

第五节　多重复合推理

一、假言连锁推理

假言连锁推理，也可以简称连锁推理，是以两个以上具有内在联系的假言命题作为前提，推出另一个假言命题作为结论的推理。其特点是前一个假言命题的后件跟后一个假言命题的前件相同。假言连锁推理可以分为充分条件连锁推理和必要条件连锁推理。

（一）充分条件连锁推理

充分条件连锁推理可以表述如下：

A→B

B→C

A→C

或者

A→B

B→C

¬C→¬A

（二）必要条件连锁推理

必要条件连锁推理可以表述如下：

A←B

B←C

A←C

或者

A←B

B←C

¬A→¬C

例题 5-12

如果你不会指法，那么你就不会打字；你不可能使用电脑来写论文，除非你会打字。

如果上述断定为真，以下哪项一定为真？（ ）

A．如果你会指法，那么你就能使用电脑来写论文

B．如果你不能使用电脑来写论文，那么你就不会指法

C．如果你能使用电脑来写论文，那么你就会指法

D．如果你能打字，那么你就能使用电脑来写论文

二、反三段论

三段论是一种蕴涵式，即以大前提和小前提为前件，以结论作为后件所构成的充分条件假言命题的形式。如果只从命题推理的角度来分析，三段论的一般形式是："如果 p 并且 q，那么 r。"作为一种正确的推理形式，当前提都为真时，结论不可能为假，如果结论为假，则说明前提中至少有一个是假的。这就是三段论的基本思路。其逻辑形式可以表述为

$p \wedge q \rightarrow r$

$\neg r \wedge q$

$\neg p$

掌握了反三段论，可以很轻松地做一些难度很大的题目。试看下面这道例题。

例题 5-13

所有的猕猴桃都是香蕉，猴子是猕猴桃，所以，猴子是香蕉。

如果题干为真，下面哪一个选项一定为真？（ ）

A．香蕉长在白云上，猴子吃香蕉，所以，猴子跟着白云飘

B．猴子是猕猴桃，猴子是香蕉，所以，所有的猕猴桃都是香蕉

C．香蕉是猴子，猴子泡在白云上，所以，香蕉追着白云跑

D．猴子不是香蕉，但猴子确实是猕猴桃，所以，"所有的猕猴桃都是香蕉，并且天上白云飘"这句话是假的

三、二难推理

（一）二难推理的含义与类型

二难推理是由两个假言前提和一个具有二肢的选言前提联合作为前提而构成的推理。它也称为假言选言推理。

二难推理包括以下四种具体类型。

1．简单构成式

简单构成式即选言命题的两个肢命题分别是肯定两个假言命题的不同前件。在结论中，

被推出命题肯定前提中两个假言命题的相同后件。其逻辑形式可以表述为

p→r
q→r
p∨q
r

2．简单破坏式

简单破坏式即选言命题的两个肢命题分别否定两个假言命题的不同后件。在结论中，被推出命题否定前提中两个假言命题的相同前件。其逻辑形式可以表述为

p→q
p→r
¬q∨¬r
p

3．复杂构成式

复杂构成式即选言命题的两个肢命题分别是肯定两个假言命题的不同前件。在结论中，被推出命题是一选言命题，其肢命题分别是肯定前提中两个假言命题的不同后件。其逻辑形式可以表述为

p→q
r→s
p∨r
q∨s

4．复杂破坏式

复杂破坏式即选言命题的两个肢命题分别是否定两个假言命题的不同后件。在结论中，被推出命题是一选言命题，其肢命题分别是否定前提中两个假言命题的不同前件。其逻辑形式可以表述为

p→q
r→s
¬q∨¬s
¬p∨¬r

在现实及经典故事中，经常遇到二难推理的运用。下面两个故事都涉及了二难推理。

传说古代伊斯兰教将领阿马，放火烧毁了亚历山大图书馆，只留下《可兰经》（又叫《古兰经》）一书。部属对此做法感到不满。阿马知道后，不仅把提意见的人严厉训斥了一顿，而且还极力为自己的焚书行为进行辩护。他说："如果所焚之书的内容跟《可兰经》相符合，那么这些书就是多余的；如果所焚之书的内容跟《可兰经》不符合，那么这些书就是异端。所焚之书的内容或者跟《可兰经》相符合，或者不符合，总而言之，或者是多余的，或者是要不得的。既然如此，烧掉又有什么可惜呢？"

还有一个故事。父亲对他那喜欢到处游说的儿子说:"你不要到处游说。如果你说真话,那么富人恨你;如果你说假话,那么穷人恨你。既然游说只会招致大家恨你,你又何苦为之呢?"在这里,父亲劝儿子就使用了一个二难推理,其形式是

如果你说真话,那么富人恨你;

如果你说假话,那么穷人恨你;

或者你说真话,或者你说假话;

总之,有人恨你。

二难推理有个最为经典的形式就是:在简单构成的式中,当 p 和 q 是矛盾关系时,就会构成经典的二难推理。因为 p 和 q 是矛盾关系,意味着在论域中就涵盖了所有的情况,那么就一定会有 r 这种结果出现。

(二)二难推理的破斥方法

凡是正确的二难推理,必须符合以下三个条件。

(1) 前提中假言命题的前件所反映的事物情况,必须是后件所反映事物情况的充分条件;

(2) 前提中的选言命题,其选言肢应该是穷尽的;

(3) 推理过程中要符合充分条件假言推理的规则。

因此,如果要破斥二难推理,可以从以下三个方面进行。

(1) 指出推理的前提虚假,前件与后件不是充分条件;

(2) 指出还有第三种情况,前提没有穷尽;

(3) 指出推理过程违反了有关推理规则。

例题 5-14

在美国芝加哥一条最繁华的大街上,有一家大型百货商店在一天晚上被人盗窃了一批财物。事情发生后,芝加哥警察局经过侦查拘捕了三个重大嫌疑犯。他们是:山姆、汤姆与吉宁士。后来,经审讯,查明了以下事实:

Ⅰ. 罪犯带着赃物是坐小汽车逃掉的;

Ⅱ. 不伙同山姆,吉宁士决不会作案;

Ⅲ. 汤姆不会开车;

Ⅳ. 罪犯就是这三个人中的一个或一伙。

请问:在这个案子里,山姆有罪吗?( )

A. 有罪   B. 无罪

C. 无法推理   D. 条件不充分,无法确定

本章小结

1. 复合命题是包含了其他命题的一种命题,一般来说,它是由若干个(至少一个)简

单命题通过一定的逻辑联结词组合而成的。复合命题包括联言命题、选言命题和假言命题。

2. 联言命题是断定事物的若干种情况同时存在的命题。联言推理，就是前提或结论为联言命题，并且根据联言命题的逻辑性质来进行推演的推理。联言推理可以分为分解式和组合式。

3. 选言命题是断定事物若干种可能情况的命题。选言命题可以分为两种：相容的选言命题和不相容的选言命题。相容的选言命题，是指断定事物若干种可能情况中至少有一种情况存在的选言命题。不相容的选言命题，是指断定事物若干可能情况中有而且只有一种情况存在的命题。选言推理就是前提中有一个是选言命题，并且根据选言命题的逻辑性质进行推演的推理。它可以分为相容选言推理和不相容选言推理。

4. 假言命题是断定事物情况之间条件关系的命题。其包括充分条件假言命题、必要条件假言命题、充要条件假言命题。充分条件的假言命题是指前件是后件的充分条件的假言命题，其有效推理有肯定前件式、否定后件式两种。必要条件的假言命题是指前件是后件的必要条件的假言命题，其有效推理有否定前件式、肯定后件式两种。

5. 多重复合推理包括假言连锁推理、反三段论和二难推理。假言连锁推理，也可以简称连锁推理，是以两个以上具有内在联系的假言命题作为前提，推出另一个假言命题作为结论的推理。反三段论是一种蕴涵式，即以大前提和小前提为前件，以结论作为后件所构成的充分条件假言命题的形式。二难推理是由两个假言前提和一个具有二肢的选言前提联合作为前提而构成的推理。它也称为假言选言推理。

复习思考题

一、填空题

1. 设¬p→¬q 与 q 的取值为真，则 p 的取值为（　　　　）。
2. 二难推理的推理类型包括（　　　）、（　　　）、（　　　）和（　　　）四种。
3. 在 p→q 命题中，如果前件 p 为假，则该命题为（　　　）；如果前件 p 为真，后件 q 为假，则该命题为（　　　）。
4. 必要条件的假言命题的有效式是（　　　）和（　　　）。
5. 以"如果所有 A 是 B，则所有 A 是 C"和"有 A 不是 C"这两个命题为前提，则必然推出结论（　　　　）。

二、选择题（一）

1. 如果小李报考工程硕士，那么，小孙、小王和小张都报考工程硕士。

　如果以上断定为真，以下哪项也一定为真？（　　）

　A. 如果小李不报考工程硕士，那么小孙也不报考工程硕士
　B. 如果小张不报考工程硕士，那么小李也不报考工程硕士
　C. 如果小李和小孙报考工程硕士，那么小王和小张不报考工程硕士
　D. 如果小孙、小王和小张报考工程硕士，那么小李也报考工程硕士

2. 除非不把理论当教条，否则就会束缚思想。

   以下各项都表达了与题干相同的含义，除了（　　）。

   A. 如果不把理论当教条，就不会束缚思想

   B. 如果把理论当教条，就会束缚思想

   C. 只有束缚思想，才会把理论当教条

   D. 只有不把理论当教条，才不会束缚思想

3. 只要不起雾，飞机就能起飞。

   以下哪项正确地表达了上述断定？（　　）

   (1) 如果飞机按时起飞，则一定没有起雾。

   (2) 如果飞机不按时起飞，则一定起雾。

   (3) 除非起雾，否则飞机按时起飞。

   A.（1）　　　B.（2）　　　C.（3）　　　D.（2）和（3）

   E.（1），（2）和（3）

4. 假设"如果甲并且乙不是经理，那么，丙是经理"为真，由以下哪个前提可推出"乙是经理"的结论？（　　）

   A. 丙不是经理　　　　　　　　B. 甲和丙都不是经理

   C. 丙是经理　　　　　　　　　D. 甲不是经理

   E. 甲或丙有一个不是经理

5. 如果丽达和露丝不去墨西哥，那么尤思去纽约。

   以此为前提，再加上下列哪个条件，就可以推出丽达去墨西哥的结论？（　　）

   A. 尤思去纽约，露丝不去墨西哥　　B. 尤思不去纽约，露丝去墨西哥

   C. 露丝不去墨西哥　　　　　　　　D. 露丝不去墨西哥，尤思不去纽约

   E. 尤思不去纽约

6. 一个产品要畅销，产品的质量和经销商的诚信缺一不可。

   以下各项都符合题干的断定，除了（　　）。

   A. 一个产品滞销说明它或者质量不高，或者经销商缺乏诚信

   B. 一个产品只有质量高并且诚信经销才能畅销

   C. 一个产品畅销说明它质量高并且有诚信的经销商

   D. 一个产品除非有高的质量和诚信的经销商，否则不能畅销

7. 林园小区有住户家中发现了白蚁。除非小区中有住户家中发现白蚁，否则，任何小区都不能免费领取高效杀蚁灵。静园小区可以免费领取高效杀蚁灵。

   如果上述断定为真，则以下哪项据此不能断定真假？（　　）

   Ⅰ. 林园小区有的住户家中没有发现白蚁。

   Ⅱ. 林园小区能免费领取高效杀蚁灵。

   Ⅲ. 静园小区的住户家中都发现了白蚁。

   A. Ⅰ　　　　　　　B. Ⅱ

C. Ⅲ　　　　D. Ⅰ和Ⅱ　　　E. Ⅰ，Ⅱ和Ⅲ

8. 某仓库被盗，已知是甲、乙、丙、丁四人中的一人所为。据询问，他们中只有一人说的是真话。

   甲：如果我作案，那么丙也作案。

   乙：是甲作案。

   丙：是我作案。

   丁：或者甲作案，或者我作案。

   那么，谁是说真话的人？（　　）

   A. 甲　　　　B. 乙　　　　C. 丙　　　　D. 丁

三、选择题（二）

1. 某汽车司机违章驾驶，交警向他宣布处理决定："要么扣留驾驶执照三个月，要么罚款 1000 元。"司机说："我不同意。"如果司机坚持己见，那么，以下哪项实际上是他必须同意的？（　　）

   A. 扣照但不罚款　　　　　　　B. 罚款但不扣照

   C. 既不罚款也不扣照　　　　　D. 既罚款又扣照

   E. 如果做不到既不罚款也不扣照，那么就必须接受既罚款又扣照

2. 以"如果甲、乙都不是作案者，那么丙是作案者"为一前提，若再增加另一前提可必然推出"乙是作案者"的结论。

   下列哪项最适合做这一前提？（　　）

   A. 丙是作案者　　　　　　　B. 丙不是作案者

   C. 甲不是作案者　　　　　　D. 甲和丙都不是作案者

   E. 甲是作案者

3. 法制的健全或者执政者强有力的社会控制能力，是维持一个国家社会稳定必不可少的条件。Y 国社会稳定但法制尚不健全。因此，Y 国的执政者具有强有力的社会控制能力。

   以下哪项论证方式与题干的最为类似？（　　）

   A. 一个影视作品，要想有高的收视率或票房价值，作品本身的质量和必要的包装宣传缺一不可。电影《青楼月》上映以来票房价值不佳但实际上质量堪称上乘。因此，电影《青楼月》缺少必要的广告宣传和媒介炒作

   B. 必须有超常业绩或者 30 年以上工龄服务于本公司的雇员，才有资格获得 X 公司本年度的特殊津贴。黄先生获得了本年度的特殊津贴但在本公司仅供职 5 年。因此，黄先生一定有超常业绩

   C. 如果既经营无方又铺张浪费，则一个公司将严重亏损。Z 公司虽经营无方但并没有严重亏损。因此，Z 公司至少没有铺张浪费

   D. 一个罪犯要实施犯罪，必须既有作案动机，又有作案时间。在某案中，W 先生有作案动机但无作案时间。因此，W 先生不是该案的作案者

E. 一个论证不能成立，当且仅当，或者它的论据虚假，或者它的推理错误。J 女士在科学年会上论述的关于她的发现之科学价值的论证尽管逻辑严密、推理无误，但还是被认定不能成立。因此，J 女士的论证中至少有部分论据虚假

4. 甲和乙是奇怪岛上的两个人。奇怪岛上有骑士和无赖两种人，骑士只讲真话，无赖只讲假话。李聪明问甲是什么人，甲说："或者我是无赖，或者乙是骑士。"请问甲、乙各是什么人？（   ）

    A. 甲是骑士，乙是骑士　　　　　　B. 甲是无赖，乙是无赖

    C. 甲是骑士，乙是无赖　　　　　　D. 甲是无赖，乙是骑士

    E. 题干中缺乏足够的信息来确定甲和乙的身份

5. 某珠宝店失窃，五个职员涉嫌被拘审。假设这五个职员中，参与作案的人说的都是假话，无辜者说的都是真话。这五个职员分别有以下供述：

    张说："王是作案者。王说过是他作的案。"

    王说："李是作案者。"

    李说："是赵作的案。"

    赵说："是孙作的案。"

    孙没说一句话。

    依据以上叙述，能推断出以下哪项结论？（   ）

    A. 张作案，王没作案，李作案，赵没作案，孙作案

    B. 张没作案，王作案，李没作案，赵作案，孙没作案

    C. 五个职员都参与了作案

    D. 五个职员都没作案

    E. 题干中缺乏足够的信息来确定每个职员是否作案

6. 甲："如果红了樱桃，那么绿了芭蕉。"

    乙："我不同意。"

    乙的意思是（   ）。

    A. 只有芭蕉绿，樱桃才红　　　　　B. 只要芭蕉不绿，樱桃就不红

    C. 除非樱桃没红，否则芭蕉绿　　　D. 樱桃红，但是芭蕉没绿

7. 甲："只有红了樱桃，才会绿了芭蕉。"

    乙："我不同意。"

    乙的意思是（   ）。

    A. 如果芭蕉绿了，那么樱桃红了　　B. 除非芭蕉不绿，否则樱桃红了

    C. 樱桃没红，但芭蕉绿了　　　　　D. 或者樱桃红了，或者芭蕉不绿

8. 红星中学的四名老师在高考前对某理科毕业班学生的前景进行推测，他们特别关注班里的两个尖子生。

    张老师说："如果余涌能考上清华，那么方宁也能考上清华。"

    李老师说："依我看这个班没人能考上清华。"

王老师说:"不管方宁能否考上清华,余涌考不上清华。"

赵老师说:"我看方宁考不上清华,但余涌能考上清华。"

高考的结果证明,四位老师中只有一人的推测成立。

如果上述断定是真的,则以下哪项也一定是真的?(　　)

 A. 李老师的推测成立

 B. 王老师的推测成立

 C. 赵老师的推测成立

 D. 如果方宁考不上清华大学,则张老师的推测成立

 E. 如果方宁考上了清华大学,则张老师的推测成立

9. 关于选派商务谈判代表,甲、乙、丙三个老总的意见如下。

 甲:如果不选派李经理,那么不选派王经理。

 乙:如果不选派王经理,那么选派李经理。

 丙:要么选派李经理,要么选派王经理。

 以下诸项中,同时满足甲、乙、丙的意见的方案是(　　)。

 A. 选派李经理,不选派王经理　　B. 选派王经理,不选派李经理

 C. 两人都选派　　D. 两人不都选派

 E. 不存在此方案

10. 已知:甲若被录用,则乙被录用。若乙不被录用,则甲被录用。甲被录用。

 三个命题中,有一个是真的,则可以推出什么结论?(　　)

 A. 甲被录用,乙被录用　　B. 甲不被录用,乙不被录用

 C. 甲被录用,乙不被录用　　D. 甲不被录用,乙被录用

 E. 推不出上述的任何结论

11. 某煤矿发生了一起事故。现场的人有以下断定。

 矿工1:发生事故的原因是设备问题。

 矿工2:确实是有人违反了操作规范,但发生事故的原因不是设备问题。

 矿工3:如果发生事故的原因是设备问题,则有人违反了操作规范。

 矿工4:发生事故的原因是设备问题,但没有人违反操作规范。

 如果上述断定中只有一个人的断定为真,则以下哪一项可能为真?(　　)

 A. 矿工1的断定为真

 B. 矿工2的断定为真

 C. 矿工3的断定为真,有人违反了操作规范

 D. 矿工3的断定为真,没有人违反操作规范

四、选择题(三)

1. 某花店只有从花农那里购得低于正常价格的花,才能以低于市场的价格卖花而获利。除非该花店的销售量很大,否则,不能从花农那里购得低于正常价格的花。要想有大的销售量,该花店就要满足消费者个人兴趣或者拥有特定品种的独家销售权。

如果上述断定为真，则以下哪项必定为真？（　　）

A．如果该花店从花农那里购得低于正常价格的花，那么会以低于市场的价格卖花而获利

B．如果该花店没有以低于市场的价格卖花而获利，那么没有从花农那里购得低于正常价格的花

C．该花店不仅满足消费者个人兴趣，而且拥有特定品种的独家销售权，但不能以低于市场的价格卖花而获利

D．如果该花店以低于市场的价格卖花而获利，那么一定从花农那里购得低于正常价格的花

2．如果第1题的题干是真的，并且事实上该花店没有满足广大消费者的个人兴趣，则以下哪项不可能为真？（　　）

A．该花店不拥有特定品种的独家销售权，就不能从花农那里购得低于正常价格的花

B．即使该花店拥有特定品种的独家销售权，也不能从花农那里购得低于正常价格的花

C．该花店虽然不拥有特定品种的独家销售权，但以低于市场的价格卖花而获利

D．该花店通过广告促销的方法获利

3．只要天上有太阳并且气温在0℃以下，街上总有很多人穿皮夹克。只要天下着雨并且气温在0℃以上，街上总有人穿着雨衣。有时，天上有太阳但却同时下着雨。

如果上述断定为真，则以下哪一项一定为真？（　　）

A．有时街上会有人在皮夹克外面套着雨衣

B．如果街上有很多人穿着皮夹克但是天没有下雨，则天上一定有太阳

C．如果气温在0℃以下并且街上没有多少人穿着皮夹克，则天一定下着雨

D．如果气温在0℃以上但街上没有人穿雨衣，则天一定没下雨

4．如果李先生喜欢表演，那么他报考戏剧学院。如果他不喜欢表演，那么他可以成为戏剧理论家。如果他不报考戏剧学院，那么他不能成为戏剧理论家。

由此可以推出李先生（　　）。

A．不喜欢表演　　　　　　　　B．成为戏剧理论家

C．不报考戏剧学院　　　　　　D．报考戏剧学院

E．条件不充分，不足以推出结论

本章参考答案

例题参考答案

习题参考答案

第六章 模态命题、关系命题及其推理

本章重点

- 掌握模态命题的四种对当关系。
- 掌握关系命题的逻辑特性及其推理。
- 理解必然命题与可能命题的逻辑关系。

导语

在逻辑中,"必然""可能"等叫作"模态词",包含模态词的命题叫作模态命题。模态命题可以分为真值模态命题和犯规模态命题。本书所称的模态命题仅局限于真值模态命题。模态命题可以分为两大类:必然命题和可能命题。根据模态命题之间的四种逻辑关系,可构成一系列模态命题的直接推理。关系命题就是断定对象之间关系的简单命题。关系命题的逻辑构成涉及关系者项、关系项和量项。其有两个逻辑性质:关系的对称性和关系的传递性。

第一节 模态命题及其推理

一、模态命题的含义及逻辑关系

(一)模态命题的含义

从广义上而言,模态命题就是指包含所有模态概念的命题,它可以分为真值模态命题和犯规模态命题。本书以下所称的模态命题仅局限于真值模态命题。

在逻辑中,"必然""可能"等叫作"模态词",包含模态词的命题叫作模态命题。换言之,模态命题就是断定思维对象的必然性或可能性的命题。

例如,"明天可能下雨""我明天一定参加会议"等,就是模态命题。

在逻辑表达上,模态命题可以表述为"必然 P"或者"可能 P"。其中,"必然"可以用逻辑符号"□"来表示。这样,"必然 P"即可表述为"□P"。而"可能"可以用逻辑符号"◇"来表示。这样,"可能 P"即可表述为"◇P"。

(二)模态命题的种类

模态命题可以分为两大类:必然命题和可能命题。

1. 必然命题

必然命题就是包含模态词"必然"的模态命题,它是断定事物情况必然性的模态命题。该命题又可以进一步区分为必然肯定命题和必然否定命题。

必然肯定命题：□P
必然否定命题：□¬P

在汉语中，除了"必然"表示这一含义外，"一定""必定""定然"等一类词也表示相同的含义。

2．可能命题

可能命题就是包含模态词"可能"的模态命题，它是断定事物情况可能性的模态命题。该命题又可以进一步区分为可能肯定命题和可能否定命题。

可能肯定命题：◇P
可能否定命题：◇¬P

在汉语中，除了"可能"表示这一含义外，"也许""大概""或许"等一类词也表示相同的含义。

（三）模态命题的逻辑对当关系

□P、□¬P、◇P 和◇¬P 之间的真假关系，类似于直言命题 A、E、I、O 之间的真假关系，也可用对当逻辑方阵（见图6-1）来表示。

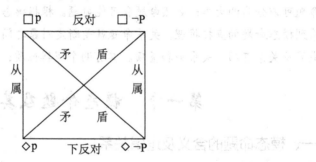

图6-1　对当逻辑方阵

二、模态命题的直接推理

根据四种模态命题之间的逻辑关系（真假关系），便可构成一系列简单的模态命题的直接推理。

（一）根据模态命题矛盾关系的直接推理

（1）必然 P，推出并非可能非 P，即

□P→¬◇¬P

（2）并非必然 P，推出可能非 P，即

¬□P→◇¬P

（3）可能非 P，推出并非必然 P，即

◇¬P→¬□P

（4）并非可能非 P，推出必然 P，即

¬◇¬P→□P

(5) 必然非P，推出并非可能P，即

□¬P→¬◇P

(6) 并非必然非P，推出可能P，即

¬□¬P→◇P

(7) 可能P，推出并非必然非P，即

◇P→¬□¬P

(8) 并非可能P，推出必然非P，即

¬◇P→□¬P

上述（1），可举例如下：正义必然战胜邪恶，所以，并非正义可能不战胜邪恶（即：正义不可能不战胜邪恶）。

上述（3），可举例如下：火星上可能没有生物，所以，并非火星上必然有生物（即：火星上不必然有生物）。

（二）根据模态命题反对关系的直接推理

(1) 必然P，推出并非必然非P，即

□P→¬□¬P

例如：蔑视辩证法是必然要受到惩罚的，所以，蔑视辩证法是并非必然不受到惩罚的。

(2) 必然非P，推出并非必然P，即

□¬P→¬□P

例如：侵略战争必然是非正义战争，所以，侵略战争并非必然是正义战争。

（三）根据模态命题下反对关系的直接推理

(1) 并非可能P，推出可能非P，即

¬◇P→◇¬P

例如：某君不可能吸烟，所以，某君可能不吸烟。

(2) 并非可能非P，推出可能P，即

¬◇¬P→◇P

例如：小王不可能不会游泳，所以，小王可能会游泳。

（四）根据模态命题从属关系（差等关系）的直接推理

(1) 必然P，推出可能P，即

□P→◇P

例如：甲队必然得冠军，所以，甲队可能得冠军。

(2) 并非可能P，推出并非必然P，即

¬◇P→¬□P

例如：乙队不可能得冠军，所以，乙队不必然得冠军。

(3) 必然非P，推出可能非P，即

□¬P→◇¬P

例如，必然甲队不能得冠军，所以，可能甲队不得冠军。

（4）并非可能非 P，推出并非必然非 P，即

¬◇¬P→¬□¬P

例如，乙队不可能不得冠军，所以，乙队不必然不得冠军。

例题 6-1

最近一段时期，有关要发生地震的传言很多。一天傍晚，小明问在院子里乘凉的爷爷："爷爷，他们都说明天要地震了。"爷爷说："根据我的观察，明天不必然地震。"小明说："那您的意思是明天肯定不会地震了？"爷爷说不对。小明陷入了迷惑。

以下哪句话与爷爷的意思最为接近？（　　）

A．明天必然不地震　　　　　　　　B．明天可能地震
C．明天可能不地震　　　　　　　　D．明天不可能地震
E．明天不可能不地震

例题 6-2

不可能所有的错误都能避免。

以下哪项最接近上述断定的含义？（　　）

A．所有的错误必然都不能避免　　　B．所有的错误可能都不能避免
C．有的错误可能不能避免　　　　　D．有的错误必然不能避免

第二节　关系命题及其推理

一、关系命题的含义及构成

关系命题就是断定对象之间关系的简单命题。例如：

三斤大于二斤。

南京在北京的南面。

小明与小华是同学。

这些都是关系命题。事物的性质与事物之间的关系不同。性质可以为某一对象所具有，关系却不能为某一对象所具有。关系只能存在于两个或两个以上的对象之间。所以，关系命题的断定对象必须是两个或两个以上。

关系命题的逻辑构成涉及关系者项、关系项和量项。

关系者项，就是表示一定关系的承担者即关系者的概念，也就是关系命题的主项。

关系项，就是表示关系者之间所存在关系的概念，也就是关系命题的谓项。

量项，就是表示关系者数量的概念。如果关系者项是单称概念，则可以省略量项。

在逻辑上，一般用"R"表示关系项，用"a"和"b"表示关系者项，则关系命题可以表示为

aRb

或者

R（a，b）

读作"a 与 b，有关系 R"。

二、关系命题的逻辑性质及推理

关系命题有两个逻辑性质：关系的对称性和关系的传递性。

（一）关系的对称性

关系的对称性是指当事物 a 与 b 具有关系 R 时，b 与 a 是否也具有这种关系 R。其可以分为对称、反对称和非对称。

（1）关系的对称：如果 a 与 b 具有关系 R 为真时，b 与 a 也一定具有关系 R 为真。例如，"等于""……的同学"等都具有关系的对称。

（2）关系的反对称：如果 a 与 b 具有关系 R 为真时，b 与 a 也一定具有关系 R 为假。例如，"大于""……的南边"等都具有关系的反对称。

（3）关系的非对称：如果 a 与 b 具有关系 R 为真时，b 与 a 也具有关系 R，可能为真，也可能为假。例如，"认识""喜欢"等都具有关系的非对称。

（二）关系的传递性

关系的传递性是指当事物 a 与 b 具有关系 R，并且 b 与 c 具有关系 R 时，a 与 c 是否也具有这种关系 R。其可以分为传递、反传递和非传递。

（1）关系的传递：如果事物 a 与 b 具有关系 R，并且 b 与 c 具有关系 R 时，则 a 与 c 一定具有关系 R 为真。例如，"等于""大于"等都具有关系的传递。

（2）关系的反传递：如果事物 a 与 b 具有关系 R，并且 b 与 c 具有关系 R 时，则 a 与 c 一定具有关系 R 为假。例如，"……的三倍""……的父亲"等都具有关系的反传递。

（3）关系的非传递：如果事物 a 与 b 具有关系 R，并且 b 与 c 具有关系 R 时，则 a 与 c 具有关系 R，有可能为真，也有可能为假。例如，"喜欢""……的同学"等都具有关系的非传递。

例题 6-3

有甲、乙、丙、丁四个外表看起来没有区别的小球，它们的重量可能有所不同。取一个天平，将甲、乙归为一组，丙、丁归为一组，分别放在天平的两边，天平是基本平衡的。将乙、丁对调一下，甲、丁一边明显要比乙、丙一边重得多。可是奇怪的是，我们在天平一边放上甲、丙，而另一边刚放上乙，还没有来得及放上丁时，天平就压向了乙一边。

请你判断，这四个球由重到轻的顺序是（　　）。

A．丁、乙、甲、丙　　　　　　　　B．丁、乙、丙、甲

C．乙、甲、丁、丙　　　　　　　　D．乙、丁、丙、甲

E．乙、丁、甲、丙

本章小结

1. 从广义上而言，模态命题就是指包含所有模态概念的命题，它可以分为真值模态命题和犯规模态命题。本书所称的模态命题仅局限于真值模态命题。在逻辑中，"必然""可能"等叫作"模态词"，包含模态词的命题叫作模态命题。换言之，模态命题就是断定思维对象的必然性或可能性的命题。

2. 根据四种模态命题之间的逻辑关系（真假关系），便可构成一系列简单的模态命题的直接推理。

3. 关系命题就是断定对象之间关系的简单命题。关系只能存在于两个或两个以上的对象之间。所以，关系命题的断定对象必须是两个或两个以上。关系命题的逻辑构成涉及关系者项、关系项和量项。

4. 关系命题有两个逻辑性质：关系的对称性和关系的传递性。关系的对称性包括关系的对称、反对称和非对称。关系的传递性包括关系的传递、反传递和非传递。

复习思考题

一、填空题

1. 关系命题的逻辑结构包括（　　　）、（　　　）和（　　　）。
2. 关系命题的对称性包括（　　　）、（　　　）和（　　　）三种情况。
3. 关系命题的传递性包括（　　　）、（　　　）和（　　　）三种情况。

二、选择题

1. 不必然任何经济发展都会导致生态恶化，但不可能有不阻碍经济发展的生态恶化。
    以下哪项最接近上述断定的含义？（　　　）
    A. 任何经济发展都不必然导致生态恶化，但任何生态恶化都必然阻碍经济发展
    B. 有的经济发展可能导致生态恶化，但任何生态恶化都可能阻碍经济发展
    C. 有的经济发展可能不导致生态恶化，但任何生态恶化都可能阻碍经济发展
    D. 有的经济发展可能不导致生态恶化，但任何生态恶化都必然阻碍经济发展

2. 本明杰："除非所有的疾病都必然有确定的诱因，否则有些疾病可能难以预防。"
    富兰克林："我不同意你的看法。"
    以下哪项断定能准确表达富兰克林的看法？（　　　）
    A. 有些疾病可能没有确定的诱因，但是有些疾病可能加以预防
    B. 所有的疾病都可能没有确定的诱因，但有些疾病可能加以预防
    C. 有些疾病可能没有确定的诱因，但所有的疾病必然可以预防
    D. 有些疾病必然没有确定的诱因，但所有的疾病可能难以预防

3. 有人说："最高明的骗子，可能在某个时刻欺骗所有的人，也可能所有的时刻欺骗某些人，但不可能在所有的时刻欺骗所有的人。"

如果上述断定为真，而且世界上总有一些高明的骗子，那么下述哪项断定必定是假的？（　　）

A．张三可能在某个时刻受骗

B．李四可能在任何时候都不受骗

C．骗人的人也可能在某个时刻受骗

D．不存在某一时刻所有的人都不会受骗

E．不存在某一时刻有人可能不受骗

4．某学术会议正举行分组会议。某一组有8个人出席。分组会议主席问大家原来各自认识与否，结果是全组中仅有1个人认识小组中的3个人，有3个人认识小组中的2个人，有4个人认识小组中的1个人。

若以上统计属实，则最能得出以下哪项结论？（　　）

A．会议主席认识小组中的人最多

B．此类学术会议是第一次举行，大家都是生面孔

C．有些成员所说的认识可能仅是电视上或报告会上见过而已

D．虽然会议成员原来的熟人不多，但是原来认识的都是至交

E．通过这次会议，小组成员都相互认识了，以后见面就能直呼其名了

5．在某大学的某届校友会中，有10个会员是湖南籍的。毕业数年后这10个同学欢聚一堂，发现他们之间没有人给3个以上的同乡会员写过信，给3个同乡会员写过信的人只有1人，仅给2个同乡会员写过信的只有3人，仅给1个同乡会员写过信的有6人，有1个会员收到了4个同乡会员的来信。

如果上述断定为真，以下各项关于这10个会员之间通信的断定中，哪项一定为真？（　　）

Ⅰ．每人都给其他同乡会员写过信。

Ⅱ．每人都收到其他同乡会员的来信。

Ⅲ．至少有1个会员没有给所收到的每封来信复信。

A．只有Ⅰ　　　　　B．只有Ⅱ

C．只有Ⅲ　　　　　D．只有Ⅰ和Ⅲ　　　　　E．Ⅰ，Ⅱ和Ⅲ

  本章参考答案

例题参考答案

习题参考答案

第七章 非演绎推理与批判性思维

本章重点

➢ 掌握归纳推理的含义及种类。
➢ 掌握求因果五法。
➢ 掌握批判性思维的类型分析。
➢ 理解类比推理及假说的含义。
➢ 理解批判性思维的含义。

导语

非演绎推理主要指类比推理和归纳推理，其与演绎推理相比，具有或然性等特点。类比推理是根据两个或两类对象在某些属性上相同，推断出它们在另外的属性（这一属性已为类比的一个对象所具有，另一个类比的对象那里尚未发现）上也相同的一种推理。归纳推理的前提是一些关于个别事物或现象的命题，而结论则是关于该类事物或现象的普遍性命题。归纳推理中，最重要的知识就是探求现象间因果联系的主要逻辑方法。其包括求同法、求异法、求同求异并用法、共变法和剩余法。随着非演绎推理的推进，批判性思维成为当前广受重视的逻辑思维。

第一节 类比推理与假说

一、类比推理

（一）类比推理的含义

类比推理是根据两个或两类对象在某些属性上相同，推断出它们在另外的属性（这一属性已为类比的一个对象所具有，另一个类比的对象那里尚未发现）上也相同的一种推理。

据科学史上记载，光波概念的提出者荷兰物理学家、数学家赫尔斯坦·惠更斯曾将光和声这两类现象进行比较，发现它们具有一系列相同的性质，如直线传播、有反射和干扰等。又已知声是由一种周期运动所引起的、呈波动的状态，由此，惠更斯做出推理，光也可能有呈波动状态的属性，从而提出了光波这一科学概念。惠更斯在这里运用的推理就是类比推理。

类比推理的结构可表示如下：
A 有属性 a, b, c, d;

B 有属性 a, b, c；

所以，B 有属性 d。

由于事物的属性有性质和关系之分，所以，可以根据类比推理的前提考察的是事物的性质还是事物之间的关系，把类比推理划分为性质类比推理和关系类比推理。性质类比推理就是根据两个或两类对象在某些性质上相同或者相似，而且已知其中的一个或一类还具有其他性质，进而推出另一个或另一类对象也具有相同或相似的其他性质。而关系类比推理就是根据两个系统在某些关系上相同或者相似，而且已知其中的一个系统还具有其他关系，进而推出另一个系统也具有相同或相似的其他关系。

类比推理的客观根据是什么呢？在客观现实里，事物的各个属性并不是孤立的，而是相互联系和相互制约的。因此，如果两个事物在一系列属性上相同或相似，那么，它们在另一些属性上也可能相同或相似。类比推理的结论是否可靠呢？这要看进行类比的两个或两类事物所具有的共同属性与类推属性之间是否有必然的联系。如果有，用类比推理所得到的认识就是可靠的，否则就是不可靠的。由此可见，类比推理的结论只具有或然性，即可能真，也可能假。类比推理尽管其前提是真实的，也不能保证结论的真实性。这是因为，A 和 B 毕竟是两个对象，它们尽管在一系列属性上是相同的，但仍存在差异性，这种差异性有时就表现为 A 对象具有某属性，而 B 对象不具有某属性。

（二）类比推理的特点

概括而言，类比推理具有如下两个特点。

（1）从思维进程看，类比推理是从个别到个别的推理。类比推理的前提和结论通常都是关于个别对象的断定。从这个意义上而言，类别推理既不同于从一般到个别的演绎推理，也不同于从个别到一般的归纳推理。

（2）类比推理是一种或然性推理，其结论未必为真。类比推理的结论所断定的范围超出了前提，前提为真，结论未必为真。由于归纳推理也是一种或然性推理，因此，有的学者将类比推理也看成归纳推理。

（三）类比推理提高结论的途径

那么，如何提高类比推理结论的可靠性呢？

（1）前提中确认的相同属性越多，那么结论的可靠程度也就越大。这是因为两个或两类对象之间相同属性越多，就意味着两个或两类对象越为接近，这样，被类比的属性也就越有可能为它们所共有。

（2）前提中确认的相同属性越是本质的，相同属性与要推出的属性之间越是相关的，那么结论的可靠程度也就越大。这是因为本质属性是事物的规定性，它们往往决定着事物取得其他属性。这就需要人们特别注意，不能将两个或两类本质不同的事物，按照其表面的相似性来机械地加以比较而得出某种结论，否则，就要犯机械类比的错误。

（3）在前提中确认的相同属性与推出属性之间应有联系。类比推理据以进行的相同属性与推出属性之间的联系越密切，结论往往越可靠。第三条是第二条的延伸，由于在事前人们往往难以洞悉事物的本质,所以,需要通过相同属性与推出属性二者之间的联系密切性,来提高类比推理的可靠性。

(四)类比推理的作用

类比推理能够超越前提知识的范围,为人们提供全新的知识。因此,它在人们认识世界和改造世界的过程中,有着十分重要的作用。尤其是在中国人的思维和推理中,类比推理占据着更为重要的位置。

首先,类比推理可以为人们提供认识事物的途径。例如,人们总结了金矿的一些地表特征、矿石类型等属性,如果在勘探金矿的过程中,发现一些地方具有这样的地表特征、矿石类型,就可以初步认定这是一个金矿的所在地,从而可以快速、经济地锁定金矿。德国哲学家康德曾经指出:"每当理智缺乏可靠的思路时,类比这个方法往往能指引我们前进。"

其次,类比推理也是创造性思维的重要方法。在人类的创造发明中,许多重要的理论、科技成果、工具等的产生都是受益于类比推理。例如,传说鲁班发明锯子就是运用了类比推理。一次,鲁班在山上行走,被路边的一种小草叶子割破了小腿。鲁班仔细查看发现,这种小草叶子之所以如此锋利,是因为叶子的两边有很多的锯齿。由此,鲁班受到启发,将铁条也改造成这样具有锯齿的形状,从而发明了木匠使用的锯子。

再次,科学上许多科学假说的推出,都要借助于类比推理。例如,法国物理学家德布罗意在提出物质波假说的过程中,将实物粒子与光进行类比,由光具有波粒二重性进而推测实物粒子也应具有波粒二重性。

最后,类比推理是人们进行论证或说明的一种重要方法。在实际的说明或论证过程中,有时候人们为了解释某种事实或原理,会找出另一种与之相似的并且已经得到解释的事实或者原理,然后通过类比推理使某种事实或原理得到解释。

例题 7-1

一般人总会这样认为,既然人工智能这门新兴学科是以模拟人的思维为目标的,那么,就应该深入地研究人的思维的生理机制和心理机制。其实,这种看法很可能会误导这门新兴学科。如果说,飞机发明的最早灵感是来自鸟的飞行原理,那么,现代飞机从发明、设计、制造到不断改进,没有哪一项是基于对鸟的研究之上的。

上述议论最可能把人工智能的研究比作以下哪项?(　　)

A. 对鸟的飞行原理的研究　　　　　　B. 对鸟的飞行的模拟

C. 对人的思维的生理机制和心理机制的研究　　D. 飞机的设计制造

E. 飞机的不断改进

二、假说

(一)假说的含义

假说就是人们依据已有的事实材料和科学原理,对未知事物的规律性做出的假定性解释。从思维活动方面看，假说是一种创造性的思维活动，它是人类获取新知识的一种方式。

作为科学的假说，一般都要经过以下阶段：收集资料、提出假说、提出假说的验证方法、验证假说和假说评价等过程。

(1) 收集资料，其手段既包括感性手段，如感觉、知觉、直觉等，也包括理性手段，如分析、综合等。在此过程中，运用类比思维可以快速有效地实现资料收集。

(2) 提出假说，即以所观察得到的事实为依据，以现有的理论和知识为基础，综合各种情况，通过类比、演绎、归纳等推理形式，形成假说。

(3) 提出假说的验证方法，即在假定假说成立的基础上，符合逻辑和事实地引出系列可以证明假说的方法和途径。

(4) 验证假说，即假说验证方法的实施，将所提炼的假说检验方法予以实施。验证假说需要从假说的基本理论观点出发，结合一定的背景知识，推导出一些关于事实的论断。通过各种实践，检验从假说基本观点结合背景知识所推出的结论是否真实。

(5) 假说评价，即对于不成立的假说，应找出其失败的原因，以便于为新假说的提出提供经验借鉴；对于成立的假说，应尽可能使其在理论上进一步提升。

（二）假说的特征

假说具有以下显著特征。

(1) 假说是以客观事实和科学知识为依据的。任何假说都需要受限于现有的理论和事实材料，如果脱离了现有的理论知识和事实材料，那就很难提出科学的假说。

(2) 假说具有推测性。假说是以现有的客观事实和科学知识为依据的，并不意味着局限于现有的客观事实和科学知识，而是需要张开思维的翅膀，解释过去，预测未来。假说并非是一定可以被证实的科学理论，它在未来有可能被证实，也有可能被证伪。

(3) 假说是人的认识接近客观真理的方式。从发展的观点看，假说的不断修改、补充和更新，将会促使人们更加广泛、深刻地认识客观世界。从某种意义上而言，人类对世界的认知，就是在不断提出假说、证实或证伪假说、提出新的假说等过程中不断深化的。

（三）建立科学假说的原则

人们在建立一个科学的假说时，应该注意以下三点。

(1) 应当以事实为根据，但是不必等事实材料全面、系统地积累起来之后才提出假说。假说的提出，应当以事实为根据，因为事实材料是形成假说的基础和出发点。如果假说离开了客观事实，它就会成为无源之水、无本之木。但是，人们也不要等待事实材料完全、系统积累之后，才去建立相应的假说。因为材料的搜集是一个历史过程，它常常要受到特定时期技术条件以及人类实践范围的限制。如果假说只有在有关材料全面搜集之后才可以提出，那么势必会造成理论思维研究活动的停止，进而导致科学也难以得到发展。

(2) 既要运用已有的科学理论，又要勇于冲破一些传统观念的束缚。需要有大胆革新的勇气，不受现有知识和理论的限制，从而可以实现大的假说突破。人们的认识毕竟是一个辩证发展的过程，当原有的理论、认识与新发现、新出现的一些事实不相一致的时候，就暴露了自身的弊端。在这种情况下，提出有关假说时，就应当摆脱已有观念的束缚。例如，哥白尼提出的"日心说"、达尔文提出的"进化论"等，都是建立在敢于对传统理论和认知提出挑战的基础之上的典范。

（3）不仅要圆满地解释一些已有的事实，还要包括一些能够为实践检验的预测结论。正是因为存在着原有理论无法解释的一些事实，人们才去建立有关假说，因此，假说应该对各种有关事实给予正确的解释。在此基础上，假说还应当预言一些未知的事实，应当包含能在未来实践进行检验的结论。

第二节 归 纳 推 理

一、归纳推理的含义与特征

（一）归纳推理的含义

归纳推理的前提是一些关于个别事物或现象的命题，而结论则是关于该类事物或现象的普遍性命题。概而言之，归纳推理就是以个别性知识为前提进而推出一般性结论的推理。

例如，拿某种草药来说，人们为什么会发现它能治好某种疾病呢？原来，这是经过先人无数次经验（成功的或失败的）积累的。由于这种草无意中治好了某一种病，第二次、第三次……都治好了这一种病，于是，人们就把这几次经验积累起来，做出结论说："这种草能治好某一种病。"这样，一次次个别经验的认识就上升到对这种草能治某一种病的一般性认识了。这里就有着归纳推理的运用。

在逻辑史上，英国哲学家培根首先系统地阐述并运用了归纳推理，其撰写的《新工具》也成为传统逻辑的重要论著。

归纳推理的结论所断定的知识范围超出了前提所断定的知识范围，因此，归纳推理的前提与结论之间的联系不是必然性的，而是或然性的。也就是说，其前提真而结论假是可能的，所以，归纳推理乃是一种或然性推理。

（二）归纳推理与演绎推理的区别和联系

归纳推理与演绎推理是两种既有联系又有区别的推理方法。

1. 归纳推理与演绎推理的主要区别

首先，从思维运动过程的方向来看，演绎推理是从一般性知识的前提推出一个特殊性知识的结论，即从一般过渡到特殊；而归纳推理则是从一些特殊性知识的前提推出一个一般性知识的结论，即从特殊过渡到一般。其实，从前提与结论联系的性质来看，演绎推理的结论不超出前提所断定的范围，其前提和结论之间的联系是必然的，即其前提真而结论假是不可能的。一个演绎推理只要前提真实并且推理形式正确，那么，其结论就必然真实。而归纳推理（完全归纳推理除外）的结论却超出了前提所断定的范围，其前提和结论之间的联系不是必然的，而只具有或然性，即其前提真而结论假是有可能的。也就是说，即使其前提都真也并不能保证结论是必然真实的。

其次，演绎推理是一种必然性推理，而归纳推理是一种或然性推理。演绎推理的前提和结论之间具有必然性的相关性，只要前提正确，推理规则正确，那么，结论必然正确。但是归纳推理的结论超出了前提的范畴，前提与结论之间没有必然性的关系，因此，它的结论并不必然是真的，是一种或然性推理。

2. 归纳推理与演绎推理的主要联系

归纳推理与演绎推理虽有上述区别，但它们在人们的认识过程中是具有紧密联系的，二者互相依赖、互为补充，它们都是人类的一种推理形式，具有一定的联系。

首先，演绎推理的一般性知识的大前提必须借助于归纳推理从具体的经验中概括出来，从这个意义上来说，没有归纳推理也就没有演绎推理。

其次，归纳推理也离不开演绎推理。比如，归纳活动的目的、任务和方向是归纳过程本身所不能解决和提供的，这只有借助于理论思维，依靠人们先前积累的一般性理论知识的指导，而这本身就是一种演绎活动。而且，单靠归纳推理是不能证明必然性的，因此，在归纳推理的过程中，人们常常需要应用演绎推理对某些归纳的前提或者结论加以论证。从这个意义上来说，没有演绎推理也就不可能有归纳推理。

二、归纳推理的种类

归纳推理可以分为完全归纳推理和不完全归纳推理两大类。

（一）完全归纳推理

先看一个实例：

当天文学家对太阳系的大行星运行轨道进行考察时，他们发现：水星是沿着椭圆轨道绕太阳运行的，金星是沿着椭圆轨道绕太阳运行的，地球是沿着椭圆轨道绕太阳运行的，火星是沿着椭圆轨道绕太阳运行的，木星是沿着椭圆轨道绕太阳运行的，土星是沿着椭圆轨道绕太阳运行的，天王星是沿着椭圆轨道绕太阳运行的，海王星是沿着椭圆轨道绕太阳运行的，冥王星是沿着椭圆轨道绕太阳运行的，而水星、金星、地球、火星、木星、土星、天王星、海王星、冥王星是太阳系的全部大行星（在2006年8月24日于布拉格举行的第26届国际天文联合会通过的第5号决议中，冥王星被划为矮行星，并命名为小行星134340号，从太阳系九大行星中除名）。由此，他们便得出如下结论：所有的太阳系大行星都是沿着椭圆轨道绕太阳运行的。这一结论，就是运用完全归纳推理得出的。

可见，完全归纳推理是这样一种归纳推理：根据对某类事物的全部个别对象的考察，发现它们每一个都具有某种性质，因而得出结论，该类事物都具有某种性质。

根据完全归纳推理的这一定义，它的逻辑形式可表示如下（S表示事物，P表示属性）：

S_1—P

S_2—P

⋮

⋮

S_n—P

(S_1, S_2, …, S_n 是 S 类的所有对象)

所以，S—P

从公式可见，完全归纳推理在前提中考察的是某类事物的全部对象，而不是某一部分对象，因此，其结论所断定的范围并未超出前提所断定的范围。所以，其结论是根据前提必然得出的，即其前提与结论的联系是必然的。就此而言，完全归纳推理具有演绎的性质。

由于完全归纳推理要求对某类事物的全部对象一一列举考察，所以，它的运用是有局限性的。如果某类事物的个别对象是无限的（如天体、原子）或者事实上是无法一一考察穷尽的（如工人、学生），那么它就不能适用。这时就只能运用不完全归纳推理。

（二）不完全归纳推理

不完全归纳推理是这样一种归纳推理：根据对某类事物部分对象的考察，发现它们具有某种性质，因而得出结论，该类事物都具有某种性质。

通常所说的归纳推理，一般都是指不完全归纳推理，上述所说的归纳推理与演绎推理的区别也主要指不完全归纳推理与演绎推理的区别。不完全归纳推理又可以细分为两种。

1．简单枚举法

简单枚举法，又称简单枚举归纳推理，或简称枚举归纳推理，是一种仅仅根据在考察对象中没有碰到相反情况而进行的不完全归纳推理。它的主要根据是：所碰到的某类事物的部分对象都具有某种性质，而没有发现相反的情况。

比如，《内经·针刺篇》记载了这样一个故事：一个患头痛的樵夫，有一次上山砍柴不慎碰破足趾，出了一点血，但头部不痛了。当时没有引起他的注意。后来头痛复发，又偶然碰破原处，头疼又好了。这次引起了他的注意，以后头痛时，他就有意刺破该处，都有效应（这个樵夫碰的地方，即现在所称的"大敦穴"）。

那么，为什么这个樵夫以后头痛时就想到要刺破足趾的某处呢？从故事里可见，这是因为他根据自己以往的个别经验，做出了一个有关碰破足趾能治好头痛的一般性结论。在这里，就其所运用的推理形式来说，就是一个不完全的归纳推理。具体过程是这样的：

第一次碰破足趾某处，头痛好了；

第二次碰破足趾某处，头痛好了；

（没有出现相反的情况，即碰破足趾某处，而头痛没有好）

所以，凡碰破足趾某处，头痛都会好。

如用公式表示则是：

S_1—P

S_2—P

⋮

⋮

S_n—P

(S_1, S_2, …, S_n 是 S 类的部分对象，枚举中未遇相反情况)

所以，S—P

因此，这种仅仅根据在考察中没有碰到相反情况而进行的不完全归纳推理，就称为简单枚举归纳推理，或简称枚举归纳推理。

在运用简单枚举法时，要注意以下几点，否则，就容易犯"轻率概括"或"以偏概全"的逻辑错误。

第一，前提中被考察的对象数量要尽可能多。数量越多，结论的可靠性往往越高；

第二，前提中被考察的对象范围要尽可能广。范围越广，结论的可靠性往往越高；

第三，要注意搜集反面的事例。一旦有一个反面的事例，就不应该得出一般性的结论。

例题 7-2

有人说："哺乳动物都是胎生的。"

以下哪项最能驳斥上述判断？（　　）

A．也许有的非哺乳动物是胎生的　　B．可能有的哺乳动物不是胎生的
C．没有见到过非胎生的哺乳动物　　D．非胎生的动物不大可能是哺乳动物
E．鸭嘴兽是哺乳动物，但不是胎生的

2．科学归纳法

科学归纳法，又称为科学归纳推理，是指根据某类事物的部分对象与某种属性之间具有因果联系，从而推出该类事物都具有某种属性的归纳推理。

科学归纳法不是对某类事物的部分对象，碰到哪个就考察哪个（简单枚举归纳推理就是如此），而是按照事物本身的性质和研究的需要，选择一类事物中较为典型的个别对象加以考察；通过这种对部分对象的考察而做出某种一般性的结论时，也不只是根据没有碰到例外相反的情况，而是分析和发现所考察过的某类事物的部分对象何以具有某种性质的客观原因和内在必然性。建立在这种对事物进行科学分析基础上的不完全归纳推理，称为科学归纳推理。

两种不完全归纳推理的根据是完全不同的，因而，它们所得出结论的性质也是不同的。简单枚举归纳推理所依据的仅仅是没有发现相反的情况，而这一点对于做出一个一般性的结论来说，是必要的，但并不是充分的。因为，没有碰到相反的情况，并不能排除这个相反情况存在的可能性。而只要有相反情况的存在，无论暂时碰到与否，其一般性结论就必然是错的。科学归纳推理则不同，它所根据的是对事物何以存在某种性质的必然原因进行科学的分析，因而，它的结构是比较可靠的。

三、现代归纳逻辑

上述所称的归纳推理的含义与种类，是指传统的归纳逻辑或古典归纳逻辑。现代归纳逻辑就是概率逻辑，它的根本特征，是用概率论的定量分析和公理化、形式化的手段，探索有限的经验事实对一定范围内的普遍原理的证据支持度。

传统归纳逻辑在培根创立之后，遭到了休谟的诘难。休谟在《人性论》中提出了因果

的难以确定性，从而使得归纳逻辑的哲学基础产生动摇。这一问题也被称为休谟问题。休谟问题是指，从特殊事实上升到具有普遍性的知识没有逻辑保证，因为它具有两个逻辑跳跃：一是从有限推出无限这个逻辑跳跃；二是从过去、现在推测未来这个逻辑跳跃。休谟问题包括三个方面的问题：一是归纳的有效性不能得到演绎证明，因为适用于有限情况但未必适用于无限情况；二是归纳的有效性也不能得到归纳的证明，因为根据归纳推理的结论去证明归纳逻辑的有效性，就会陷入循环论证；三是归纳逻辑要以自然齐一律和普遍因果律为基础，但是二者都不具有客观真理性，它们只是出于人们的习惯性心理联系而言。

基于传统归纳逻辑的哲学难题无法在其传统框架内解决，现代归纳逻辑跳出了传统归纳逻辑的思路，而从概率论的角度去加以解决。现代归纳逻辑最早可以追溯到19世纪中叶，凯恩斯（Maynard Keynes）在1921年出版了《概率论》，主张概率是命题之间的逻辑关系。凯恩斯以先验概率为基础，创立了现代归纳逻辑。其后，卡尔普钠在1950年出版了《概率的逻辑基础》，主张用前提（论据）对结论（假说）的证据支持度解释概率，将归纳逻辑视为研究证据支持度的理论，并创立了"逻辑概率论"，从而构造了类似演绎逻辑的归纳逻辑语义系统。凯恩斯和卡尔普钠的逻辑概论都是客观概率论，而主观贝叶斯主义则主张主观概率，即概率是某个人根据给定证据对于一个给定命题的置信度。

不管何种学派，在概率逻辑中，一般都承认以下三个公理。

（1）任何一事件的概率都大于或者等于0；

（2）任何必然事件的概率等于1；

（3）如果A与B互斥，则P（A∧B）=P（A）+P（B）。

凡是承认或满足上述三个公理的概率逻辑，被称为帕斯卡概率逻辑；凡是不承认或满足上述三个公理的概率逻辑，被称为非帕斯卡概率逻辑。

概率逻辑的创立，不仅扩展了传统归纳逻辑，也延伸了演绎逻辑。例如，在传统演绎逻辑中，只存在"真"和"假"两种状态，而概率逻辑则认为"真"和"假"只是概率1和0两种极端情况。例如，下述推理："这个果园所有的苹果都是红的，A是这个果园的苹果，所以，A是红色的。"传统演绎推理认为，只有大前提保证100%是真的，即100%的苹果是红色的，这一结论才是"真"。但是概率逻辑认为"真"的范围可以拓展，只是随着概率的不断降低，而支持度和置信度不断降低罢了。"这个果园90%的苹果都是红的，A是这个果园的苹果，所以，A是红色的。"按照传统演绎逻辑，这一结论是"假"的，但是概率逻辑认为结论可"真"，只是支持度为90%。甚至"这个果园10%的苹果都是红的，A是这个果园的苹果，所以，A是红色的"，其结论也可"真"，只是支持度为10%。只有百分比为0的时候，结论才为假。由此可见，传统演绎逻辑是概率为1的视为真，其他都是假；而概率逻辑则是将概率为0的视为假，其他都有可能视为真。

这就大大拓展了逻辑的现实应用，也为归纳逻辑提供了理论基础。这也可以解释，为何在传统演绎逻辑上无效的一些推理，反而成为现实中经常采用的一些推理，如充分条件的肯定后件式，在传统演绎逻辑上是无效的，但是在归纳逻辑中却被定义为"回溯推理"，是一种正确的和有效的推理。

第三节 探求因果联系的逻辑方法

客观世界是一个有内在联系的统一整体,其中,各个对象或各个现象是互相密切联系、互相依赖、互相制约的。因果联系是指原因和结果之间的联系。如果一个现象的出现必然引起另一个现象的出现,那么,这两个现象之间就有因果联系。引起另一现象出现的现象称作原因,被引起的现象称作结果。

因果联系是世界万物之间普遍联系的一个方面,科学研究的一个重要任务就是要把握事物之间的因果联系,以便掌握事物发生、发展的规律。因果关系的主要特点:一是普遍必然性,指任何现象都有其因,也有其果,且同因必同果,但同果却不一定同因;二是共存性,指原因和结果总是共同变化的;三是先后性,即所谓的先因后果,但先后关系并不等于因果关系;四是复杂多样性,指因果联系是多种多样的,固然有"一因一果",但更多时候是"多因一果"。

原因和结果在时间上是先后相继的,原因总是在结果之前,而结果总是在原因之后。因此,在探求因果联系时,只能从先行的情况中去找原因,从后行的情况中去找结果。不过需要注意的是两个现象在时间上的先后相继并非都存在因果联系。例如,白昼和黑夜,在时间上虽是先后相继的,但它们之间并不具有因果联系,它们都是地球自转和绕太阳旋转所引起的结果。因此,在探求因果联系时,如果只是根据两个现象在时间上是先后相继的,就做出它们之间具有因果联系的结论,那么就犯了"以先后为因果"的逻辑错误。

因果联系是完全确定的。在同样的条件下,同样的原因必然产生同样的结果。例如,在标准大气压条件下,把纯水加热到100℃,它就必然会产生汽化的结果。

因果联系是复杂的、多样的。一个现象的产生,可以是一个原因引起的,也可以是多种原因引起的。例如,日光、二氧化碳和水是使植物叶子能进行光合作用的原因,而这三者又是植物的叶子能进行光合作用不可缺少的条件。这种原因就叫作复合原因。忽视原因的多样性,在实践上会导致有害的后果。例如,一块地里的农作物生长不好的原因,可能是水分不足,也可能是肥料太少,也可能是病虫害,等等。如果忽略了原因的多样性,只注意一种原因,如只注意施肥料,那就必然会造成减产的后果。因此,人们在探求因果联系时,应特别注意复杂现象的构成原因或结果。

下面介绍探求现象间因果联系的主要逻辑方法。这几种方法是由英国逻辑学家穆勒(又翻译为密尔)创立的,因此,也称为"穆勒五法"或者"密尔五法"。

一、求同法

求同法,也称契合法,是指当人们发现某一现象出现在几种不同的场合,而在这些场合里,只有一个条件是相同的(其他条件均不相同),从而可以推断,这个相同条件就是各个场合出现的那个共同现象的原因。求同法可以用以下公式来表示:

场合	先行情况	被研究现象
（1）	A、B、C	a
（2）	A、D、E	a
（3）	A、F、G	a
……		

所以，A 是 a 的原因或者结果。

例如，人们常常发现一些同志身体很好，很结实。原因是什么呢？他们的情况各不相同，有的是教师，有的是学生，有的是工人；有的原来体质较好，有的原来体质较差；他们的工作条件、生活条件、学习条件也各不相同……但发现他们却有一个共同的情况，他们都持之以恒地锻炼身体。由此，可以做出结论，持之以恒地锻炼身体是他们身体好的原因，至少是身体好的部分原因。这里应用的就是求同法。

为了提供运用求同法所得到的结论的可靠性，应该注意以下几点。

第一，各种场合还有没有其他的共同情况。换言之，要分析不同场合中除表面相同的情况外，还有无其他相同的因素。如果没有其他相同的因素，则结论被加强。如果有其他相同的因素，则结论被削弱。

第二，比较的场合要尽可能多。一般而言，场合越多，结论的可靠性就越大。

例如，一个人第一天晚上读了几页书，喝了一杯咖啡，失眠了。第二天晚上，读了几页书，喝了一杯茶，失眠了。第三天晚上，读了几页书，抽了一根烟，失眠了。他由此得出结论，读书是失眠的原因。这一推理之所以错误就在于场合太少了。如果第四天晚上，读了几页书，喝了一杯白开水，没有失眠，那么，因果关系就不存在了。

例题 7-3

光线的照射，有助于缓解冬季忧郁症。研究人员曾对九名患者进行研究，他们均因冬季白天变短而患上冬季抑郁症。研究人员让患者在清早和傍晚各受三小时伴有花香的强光照射。一周之内，七名患者完全摆脱了抑郁，另外两人也表现出显著的好转。由于光照会诱使身体误以为夏季已经来临，这样便治好了冬季抑郁症。

以下哪项如果为真，最能削弱上述论证的结论？（　　）

A．研究人员在强光照射时有意使用花香伴随，对于改善患上冬季抑郁症的患者的适应性有不小的作用

B．九名患者中最先痊愈的三位均为女性，而对男性治疗的效果较为迟缓

C．该实验是在北半球的温带气候中进行的，无法区分南北半球的实验差异，但也无法预先排除

D．强光照射对于皮肤的损害已经得到专门研究的证实，其中，夏季比冬季的危害性更大

E．每天六小时的非工作状态，改变了患者原来的生活环境，改善了他们的心态，这是对抑郁症患者的一种主要影响

二、求异法

求异法也称差异法，是指如果某一现象在一种场合下出现，而在另一种场合下不出现，但在这两种场合里，其他条件都相同，只有一个条件不同（在某现象出现的场合里有这个条件，而在某现象不出现的另一场合里则没有这个条件），那么，这唯一不同的条件，就是该现象产生的原因。求异法可用以下公式来表示：

场合　　　先行情况　　　被研究现象
（1）　　　A、B、C、D　　　a
（2）　　　　B、C、D　　　　—

所以，A 是 a 的原因或者结果。

求异法在科学研究中，特别是科学试验中，是一种被广泛运用的方法。运用求异法，所获得的结论的可靠性一般要比运用求同法所获得的结论的可靠性高。但是在运用时，为了提高其准确性，应该注意以下几点。

第一，两个比较的场合中还有无其他差异的情况。换言之，正反两种场合中除了有一种情况之外，其余的情况必须完全相同。因为求异法是"从同中求异"，如果相异之处不止一个，就很难判定真正的原因了。如果没有其他不同的情况，则结论被加强。如果还有其他不同的情况，则结论被削弱。

第二，要注意探求是否还隐藏着其他原因。例如，要分析两个场合中唯一不同的情况，是被研究对象的整个原因，还是部分原因。如果被研究对象的原因是复合的，而且各部分的单独原因的作用是不同的，那么，总原因的一部分情况消失时，被研究对象也就不出现。

例如，植物光合作用的过程，其原因是复合的。植物吸收太阳光的能量、空气中的二氧化碳和水产生碳水化合物。如果没有阳光的辐射供给能量，植物的光合作用就会中断。但是，阳光的辐射供给能量，只是引起光合作用的部分原因，并不是总原因。只有继续探求被研究对象的总原因，才能把握这种因果联系的总体。

例题 7-4

在一项实验中，实验对象的一半作为实验组，食用了大量的味精。而作为对照组的另一半没有食用这种味精。结果，实验组的认知能力比对照组差得多。这一不利的结果是由于这种味精的一种主要成分——谷氨酸造成的。

以下哪项如果为真，则最有助于证明味精中某些成分造成这一实验结论？（　　）

A．大多数食用味精的消费者不像实验中的人那样食用大量的味精
B．上述结论中所提到的谷氨酸在所有蛋白质中都有，为了保证营养必须摄入一定的量
C．实验组中人们所食用的味精数量是在政府食品条例规定的安全用量之内的
D．第二次实验时，只给一组食用大量味精作为实验组，而不设不食用味精的对照组
E．两组实验对象是在实验前按照其认知能力均等划分的

例题 7-5

某河大坝建成 20 年后,某河土产的 8 种鱼中没有一种仍能在大坝的下游充分繁殖。由于该坝将大坝下游的河水温度每年的变化范围由 50℃降到 6℃,科学家提出一个假想,认为迅速升高的河水温度在提示土产鱼开始繁殖周期方面起了一定的作用。

以下哪一项论述如果正确,将最有力地支持科学家的假想?(　　)

A. 土产的 8 种鱼仍能但只能在大坝下游的支流中繁殖,在那里每年温度的变化范围保持在大约 50℃

B. 在大坝修建以前,某河每年都要漫出河岸,从而产生土产鱼类主要繁殖区域的洄流水

C. 在大坝修建以前,某河有记录的最低温度是 34℃,而大坝建成之后有记录的最低温度是 43℃

D. 非土产鱼在大坝建成之后被引入某河,开始与土产鱼类争夺食物和空间

E. 某河土产的 5 种鱼在北美其他任何河流中都算不上土产的

例题 7-6

世界卫生组织在全球范围内进行了一项有关献血对健康影响的跟踪调查。调查对象分为三组。第一组对象中均有两次以上的献血记录,其中最多的达数十次;第二组对象均仅有一次献血记录;第三组对象均从未献过血。调查结果显示,被调查对象中癌症和心脏病的发病率,第一组分别为 0.3% 和 0.5%,第二组分别为 0.7% 和 0.9%,第三组分别为 1.2% 和 2.7%。一些专家依此得出结论,献血有利于减少患癌症和心脏病的风险。这两种病已经在发达国家和发展中国家成为威胁中老年人生命的主要杀手。因此,献血利己利人、一举两得。

以下哪项如果为真,将削弱以上结论?(　　)

Ⅰ. 60 岁以上的调查对象,在第一组中占 60%,在第二组中占 70%,在第三组中占 80%。

Ⅱ. 献血者在献血前要经过严格的体检,一般具有较好的体质。

Ⅲ. 调查对象的人数,第一组为 1700 人,第二组为 3000 人,第三组为 7000 人。

A. 只有Ⅰ　　　　　　B. 只有Ⅱ
C. 只有Ⅲ　　　　　　D. 只有Ⅰ和Ⅱ　　　　E. Ⅰ,Ⅱ和Ⅲ

三、求同求异并用法

求同求异并用法,也称契合差异并用法,是指考察两组事例,一组是由被研究现象出现的若干场合组成,称之为正事例组;一组是由被研究现象不出现的若干场合组成,称之为负事例组。如果在正事例组的各场合中只有一个共同的情况并且它在负事例组的各场合中又都不存在,那么,这个情况就是被研究现象的原因。

求同求异并用法可用以下公式来表示:

(1) A、B、C   a
(2) A、D、E   a
(3) A、F、G   a
　　　……
(1) —、B、C   —
(2) —、D、E   —
(3) —、F、G   —

所以，A 是 a 的原因或者结果。

为了提高运用求同求异并用法的可靠程度，需要注意以下几点。

第一，构成正、负事例组的场合越多，结论的可靠性往往越高。因为考察的场合越多，就越有排除的偶然情形，这样就不大容易把一个不相干的因素与被研究现象联系起来。

第二，正、负事例组的各个对应场合，其相似的程度越高，获得结论的可靠性就越大。因为负事例组场合无限多，它们对于探究被研究现象的原因（或结果）并不都是有意义的。负事例组场合的情况与正事例组场合的情况越相似，结论的可靠性就越大。

下面是求同求异并用法的一个例子：很久以来，人们发现有些鸟能远行万里而不迷失方向。原因是什么呢？人们对此曾做过不少的猜测，但都没有得到证实。近年来，科学工作者发现每当晴天能见到太阳时，这些鸟都能确定其飞行的正确方向；反之，每当阴天见不到太阳时，它们就会迷失方向。由此，科学工作者做出结论说，有些鸟能远行万里而不迷失方向的原因是它们利用太阳来定向。

再比如，差不多以同样成绩考入一所学校的学生，经过一年学习以后，出现了成绩的差异。经调查，成绩好的，都是学习努力的；成绩变差的，都是学习不够努力的。经过比较可以推断，学习刻苦努力是成绩好的原因。

四、共变法

共变法是指在其他条件不变的情况下，如果一个现象发生变化，另一个现象就随之发生变化，那么，前一现象就是后一现象的原因或部分原因。

共变法可用下述公式来表示：

场合	先行情况	被研究现象
(1)	A1、B、C、D	a1
(2)	A2、B、C、D	a2
(3)	A3、B、C、D	a3
……		

所以，A 是 a 的原因或者结果。

比如，气温上升了，放置在器皿中的水银体积就膨胀了；气温下降了，水银体积就缩小了。根据气温与水银体积的共变关系，就可推断说，气温的升降是水银体积膨胀或收缩的原因。

从某种意义上而言，求异法是共变法的极端情况的一种简化对照。求异法是将共变法的共变有、无两种情况提炼出来，加以比较对照。因此，这两种方法是科学实验中最为常用的两种方法。

运用共变法时，应该注意以下几点。

第一，与被研究对象发生共变的情况是否是唯一的。换言之，只能有一个情况发生变化而另一个现象随之发生变化，其他情况保持不变。如果共变的情况是唯一的，则结论得到加强。如果共变的情况不是唯一的，则结论得到削弱。

第二，要区分有因果的共变和无因果的共变。例如，白天和黑夜之间具有共变关系，闪电和打雷之间也具有共变关系，但是它们之间没有因果关系。

第三，要注意两个现象之间的共变具有一定的限度，超出了限度就会失掉原来的共变关系。

共变的种类有很多种，分为同向共变、异向共变、既同向又异向共变。同向共变，是指结果的量随着原因的量成正比例关系变化。例如，施肥越多，庄稼越茂盛。反向共变，是指结果的量随着原因的量成反比例关系变化。既同向又异向共变，是指结果的量随着原因的量成正比例关系变化，但是到达一定的程度后，结果的量随着原因的量成反比例关系变化。

共变法与求异法既有区别又有联系。如果把两个具有共变关系的现象变化到极限，就达到求异法要求的条件。从这个意义上而言，求异法是共变法的极端场合。

例题 7-7

学习筑巢在鸟类成功繁殖过程中扮演着重要角色。斯诺博士记录了部分画眉鸟在若干年中的生育过程，他发现：第一次筑巢的鸟孵育成功的概率大大小于其他较年长的同类，也小于自己一年后的成功率。这不仅仅是体型和力量大小的问题，因为同大多数其他鸟类一样，画眉完全长成后才离开鸟巢。所以，我们很难回避这样的结论：它们的成功繁殖得益于它们的筑巢经验。

以下哪项如果为真，最严重地削弱了上述论证？（　　）

A．画眉比其他鸟类能建造更好的巢穴
B．画眉在最初几年的试验性繁殖过程中产下可孵化的蛋的能力逐渐增强
C．第二次筑巢的鸟孵育成功的概率比第一次筑巢的鸟大
D．较弱小的画眉也能和比它们强壮的画眉一样成功地繁育后代

五、剩余法

所谓剩余法，指的是如果某一复合现象是由另一复合原因所引起的，那么，把其中确认有因果联系的部分减去，则剩下的部分也必然有因果联系。

剩余法可以表述如下：

复合情况（A、B、C、D）是复合现象（a、b、c、d）的原因（或结果）；

B 是 b 的原因（或结果）；

C 是 c 的原因（或结果）；

D 是 d 的原因（或结果）；

所以，A 是 a 的原因或者结果。

自然科学史上有这样一个例子：1846 年前，一些天文学家在观察天王星的运行轨道时，发现它的运行轨道和按照已知行星的引力计算出来的它应运行的轨道不同——发生了几个方面的偏离。经过观察分析，知道其他几方面的偏离是由已知的其他几颗行星的引力所引起的，而另一方面的偏离则原因不明。那时天文学家就考虑：既然天王星运行轨道的各种偏离是由相关行星的引力所引起的，现在又知其中的几方面偏离是由另外几颗行星的引力所引起的，那么，剩下的一处偏离必然是由另一个未知的行星的引力所引起的。后来的天文学家和数学家据此推算出了这个未知行星的位置。1846 年，按照这个推算的位置进行观察，果然发现了一颗新的行星——海王星。

在这个过程中就明显运用了剩余法。就这个例子来说，复合现象指天王星运行轨道的各处偏离（设为甲、乙、丙、丁四处偏离），复合原因指各行星对天王星的引力（设为 A、B、C、D 四颗行星），通过观察，已经知道偏离甲由行星 A 所引起，偏离乙由行星 B 所引起，偏离丙由行星 C 所引起。那么剩下的部分，即偏离丁必为未知行星 D 所引起。

运用剩余法时，需要注意以下几点。

第一，必须确认复合情况的一部分（B、C、D）是复合现象（b、c、d）的原因（或结果），但是，复合情况的剩余部分（A）不是复合现象（b、c、d）的原因（或结果）。如果复合情况的剩余部分（A）也是复合现象（b、c、d）的原因（或结果），那么就无法断定（A）与（a）一定有因果关系。

第二，复合情况的剩余部分（A）可能是个复杂情况，而不是一个单情况。这就需要进一步探究剩余部分的全部原因（或结果）。

剩余法与选言推理的否定肯定式非常相似，也是通过不断排斥一些因素，最后剩下的就是原因或结果了。

或者进一步而言，求因果五法都是在不同程度上使用了消除归纳法。所谓消除归纳法，就是指由前提中几个简单命题构成的相容析取命题（相容选言命题）出发，通过否定这个析取命题除了一支外的其他所有支，从而找出未被否定的那一支的推理方法。由于求因果五法引入了演绎（消除归纳法），因此，大大提高了推理的归纳强度。

第四节　批判性思维

一、批判性思维的含义

从渊源上而言，"批判性思维"可以追溯到很远。"批判的"（critical）源于希腊文"kriticos"（提问、理解某物的意义和有能力的分析，即"辨明或判断的能力"）和"kriterion"（标准）。从词源上而言，该词暗示发展"基于标准的有辨识能力的判断"。

批判性思维（critical thinking）被认为是当今社会一项至关重要的技能。批判性思维可以很好地培养和训练人们的思维能力，帮助人们养成清晰性、相关性、一致性、正当性和预见性等好的思维模式。

根据罗伯特·考根（Robert Gogen）的观点，批判性思维的价值在于：帮助人们达到真正的结论；增加人们的知识；帮助人们做出较好的决策；帮助人们说服他人；向他人解释真理；为幸福生活贡献力量。

多拉·蒙维尔也提出："批判性思维和创造性思维是推动知识社会前进的主要动力。"

目前，关于批判性思维的概念还没有达成一致。被称为"现代批判性思维之父"的杜威（John Dewey）认为，批判性思维即反省（reflective thinking），是指根据支持它或它将倾向的某个结论的理由，对信仰或知识的假定形式所进行的持之以恒的、细心的、积极的思考。现任非形式逻辑与批判性思维协会主席罗伯特·恩尼斯认为，批判性思维是指关注人们相信什么或做什么的、合理的、深思熟虑的思维。迈克佩克把批判性思维定义为"用慎思的怀疑态度去从事活动的倾向或技能"。费希纳提出批判性思维即是论证的建构与评价。20世纪90年代，美国哲学学会将批判性思维界定为：批判性思维是有目的的、自我校准的判断。这种判断导致解释、分析、评估、推论及对判断赖以存在的证据、概念、方法、标准或语境的说明。

批判性思维是当代逻辑学的一个重要内容，甚至可以与当代的"非形式逻辑"等量齐观。20世纪70年代，美国、加拿大等国家的逻辑学家发现，传统的逻辑很难有效提升学生的逻辑思考能力，以卡亨、约翰逊为代表，进而发起了一场"逻辑革命"，从而塑造学生的批判性思维，帮助其很好地评价和分析现实事件，更为有效地提高其逻辑思维能力。

正是基于批判性思维与非形式逻辑有着密不可分的关系，1983年加拿大成立了非形式逻辑与批判性思维协会（Association for Informal Logic and Critical Thinking，AILACT）。根据费希纳对批判性思维技能的框架，非形式逻辑与批判性思维有着异曲同工之妙。在他看来，批判性思维技能包含解释、分析、评价、推论、说明和自我调节六种类型。

批判性思维与传统逻辑也有着密切的联系。这一思维也可以很好地充实传统逻辑。在上一节的求因果五法中，其保证推理准确性的注意事项中，已经蕴含了批判性思维的思路。从某种意义上而言，批判性思维是归纳思维的进一步完善化，它更为系统地概括出现实归纳推理中应该注意的事情。在归纳推理中，哪些条件需要考虑，归纳的哪些部分存在缺陷，从而需要重点注意哪些问题。

结合相关研究，人们认为批判性思维的训练，可以从以下几个方面进行：假设、加强、削弱、解释和评价。下面将分别加以介绍。

二、批判性思维的类型

（一）假设（前提）

假设是支持作者结论的未明确说明的前提，是前提与结论之间的连接，是作者推出结论所依靠的东西。

假设也可称为前提。它是最能体现批判性思维的一种逻辑技能。在进行推理和逻辑思维时，很多结论都是建立在假设条件基础上的。但是，在现实逻辑推理和语言表达中，为了交流更加简便、推理更加迅捷，经常省略一些推理的前提条件。而这些假设，或者前提条件的省略，却经常造成人们推理的缺陷，或者交流的不畅。因此，把那些省略的假设恢复出来，是了解自己和他人逻辑推理是否正确的一种重要技能，也是一个最为重要的方法。

假设的本质是什么呢？假设的本质是使推理成立的一个必要条件。具体而言，若 A 是 B 的一个必要条件，那么，非 A→非 B；若一个推理在没有某一条件时，这个推理就必然不成立，那么，这个条件就是这个推理的一个假设。换言之，如果假设不成立，那一定意味着推理具有缺陷，甚至不成立；但是假设成立，却并非意味着推理一定正确。

寻找推理假设的能力至关重要，但是在现实推理中，人们经常很难一次性地将所有的假设都寻找出来，因为一个推理具有很多假设。通常而言，假设可以分为基础假设和直接假设。基础假设也可以称为间接假设，是一个推理最为基础的、更为众所周知的知识或条件。基础假设经常被称为预设。人们所说的寻找假设，更多地是指寻找直接假设，即与被推理更为直接相关的假设，它们与推理更为相关。

例如，一个人说："我认为大明中学的教学质量比前进中学的教学质量好，因为大明中学学生的平均考试成绩要好于前进中学的。"在这一个推理中，就存在基础假设和直接假设。其基础假设包括但是不限于：一定存在两个中学，即大明中学和前进中学；他们一定进行了考试；考试一定有成绩；等等。这一推理如果要成立，就更需要提炼出其直接假设。其直接假设也包括但是不限于：学生的平均考试成绩是测定教育质量的主要依据；两个学校对学生的考试要求和评分标准是一样的；两个学校的入学学生素质和质量是相同的；等等。

这里所称的假设，主要是指直接假设。寻找假设的能力，需要逐步培养。在逻辑学的考试中，如果遇到假设型的题型，其根本的解题思路就是加非法，即将选择项前面加上"并非"二字，取相反的意思，如果取相反的意思能够削弱题干的推理，那么这个选项就是假设。

假设类题型分为以下几种。

1. 补充前提

这类假设是最为典型的缺少前提的逻辑推理。例如，第四章中的省略三段论就属于这一类型。这类推理能够明显感觉前提与结论之间缺乏联系，需要加入一个条件才能使现有的条件和结论之间发生逻辑关系。

补充前提，也就是寻找前提与结论之间的因果关系，在前提与结论的差异概念之间建立桥梁，可以称为"搭桥"。

例题 7-8

人们大都认为，科学家的思维都是凭借严格的逻辑推理，而不是凭借类比、直觉、顿悟等形象思维手段，但研究结果表明，诺贝尔奖获得者比一般科学家更多地利用这些形象思维手段，因此，形象思维手段有助于取得重大的科学突破。

以上结论是建立在以下哪项假设基础之上的？（　　）

A. 有条理的、逐步的推理对于一般科学研究是必不可少的
B. 诺贝尔奖获得者有能力凭借类比、直觉、顿悟来进行创造性思维
C. 诺贝尔奖获得者取得了重大科学突破
D. 诺贝尔奖获得者比一般科学家更为聪明和勤奋

例题 7-9

最近，在 100 万年前的河姆渡氏族公社遗址发现了烧焦的羚羊骨残片，这证明人类在很早的时候就掌握了取火煮食肉类的技术。

上述推论中隐含着下列哪项假设？（　　）

A. 从河姆渡氏族公社以来的所有人种都掌握了取火的技术

B. 河姆渡人不生食羚羊肉

C. 只要发现烧焦的羚羊骨就能证明早期人类曾聚居于此

D. 羚羊骨是被人类取火烧焦的

例题 7-10

校务会议上，汪副校长发言说："总的说来，现在大学生的家庭困难情况比以前有了大幅度改善。这种情况是十分明显的，因为现在学校安排课余勤工俭学的学生越来越少了。"

上面汪副校长的结论是由下列哪项假设得出的？（　　）

A. 随着改革开放的深入发展，现在大学生父母的收入不断增加，大学生不再需要用勤工俭学来养活自己

B. 尽管家境有了改善，也应该参加勤工俭学来锻炼自己的实践能力

C. 课余要求学校安排勤工俭学是学生家庭是否困难的一个重要标志

D. 大学生把更多的时间用在学业上，勤工俭学的人就少了起来

2. 方法可行

相对于补充前提，方法可行是一个更为隐含的假设。试想，如果一个推理根本就不可行或没有实际意义，那么推理必然不成立。因此，方法可行，也是一个推理成立的必要条件，即假设。

例题 7-11

面试在求职过程中非常重要。经过面试，如果应聘者的个性不适合待聘工作的要求，则不可能被录用。

以上论断是建立在哪项假设基础之上的？（　　）

A. 必须经过面试才能取得工作，这是工商界的规矩

B. 只要与面试主持人关系好，就能被聘用

C. 面试主持人能够准确地辨析哪些个性是工作所需要的

D. 面试的唯一目的就是测试应聘者的个性

例题 7-12

学校董事会决定减少员工中教师的数量。学校董事会计划首先解雇效率较低的教师，而不是简单地按照年龄的长幼决定解雇哪些教师。

校董事会的这个决定假定了(　　)。

A．有能比较准确地判定教师效率的方法
B．一个人的效率不会与另一个人相同
C．最有教学经验的教师就是最好的教师
D．报酬最高的教师通常是最称职的

3．无因无果

无因无果更像一个推理的评价。假设的作用是说明原因就是结果发生的必不可少的原因，即结果发生的必要条件。试想这样一个待评价的因果关系：因为A，所以B。如果评价说，非A，所以非B，即没有A，所以没有B，那就说明A和B保持了一致性，它们在有、无两种情况下，都是对应的。A是B发生的必要条件。这样，就达到了假设的目的，也说明A的确是B的一个假设。

例题 7-13

自20世纪中叶化学工业在世界范围成为一个产业以来，人们一直担心它所造成的污染将严重影响人类的健康。但统计数据表明，这半个世纪以来，化学工业发达的工业化国家的人均寿命增长率大大高于化学工业不发达的发展中国家。因此，人们关于化学工业危害人类健康的担心是多余的。

以下哪项是上述论证必须假设的？(　　)

A．20世纪中叶，发展中国家的人均寿命低于发达国家
B．如果出现发达的化学工业，发展中国家的人均寿命增长率会因此更低
C．如果不出现发达的化学工业，发达国家的人均寿命增长率不会更高
D．化学工业带来的污染与它带给人类的巨大效益相比是微不足道的

4．没有他因

没有他因，就是没有别的因素影响推理。在本章第三节求因果五法中，所探讨的保证推理（因果）的注意事项，就是典型的没有他因。回忆或者重新复习一下第三节的求同法、求异法、共变法等方法，可以很好地理解这一假设。这一假设与后面的加强、削弱也有非常密切的关联。

例题 7-14

类人猿和其后的史前人类所使用的工具很相似。最近在东部考古所发现的古代工具，就属于史前人类和类人猿都使用过的类型。但是，发现这些工具的地方是热带大草原，热带大草原有史前人类居住过，而类人猿只生活在森林中。因此，这些被发现的古代工具是史前人类而不是类人猿使用过的。

为了使上述论证有说服力，以下哪个选项是必须假设的？(　　)

A．即使在相当长的环境生态变化过程中，森林也不会演变成为草原

B．史前人类从未在森林中生活过

C．史前人类比类人猿更能熟练地使用工具

D．史前人类在迁移时并不携带工具

（二）加强（支持）

在进行推理的过程中，很多前提对结论的推理并非完全可靠，因此，增加一些因素可以增加前提对结论的推理。

加强型题目是逻辑考试中最为广泛的一类。从某种意义上说，假设型题目是加强型题目中的一种。这是因为几乎所有的逻辑关系都可以形成加强。从逻辑关系上而言，任何两个事物 A 和 B 都无外乎处于以下四种情况中的一种：充分条件、必要条件、充要条件以及非充分也非必要条件。其中，前三种情况，A 的出现可以加强 B 的出现，读者很容易理解（第二种情况就是假设）。其实，第四种情况即非充分也非必要条件也可以实现加强。例如，一个男人有钱（A）与其追求一个美女（B）的关系就是非充分也非必要条件，即有钱不一定必然追求到美女，没有钱也不一定必然追求不到美女。但是一个男人有钱，却可以增加他追求到美女的概率。

因此，加强型批判性思维，更考验读者的逻辑能力，也更需要语境的逻辑分析。

加强型和削弱型思路，一般是相互对照的。不同之处在于，前者是"求一致"的思维，而后者是"求不一致"的思维。

加强型主要有以下几种。

1．肯定假设

肯定假设，其实质就是假设类思路，就是寻找出使推理成立的假设条件，然后予以肯定存在，即对推理成立的假设（前提）做出肯定。

例题 7-15

尽管冬天来临了，但是工业消费者使用的石油价格特别低，并且可能会保持下去。所以，除非冬天特别严寒，工业消费者使用的天然气价格也可能会保持在低水平。

以下哪项如果为真，最能支持上述结论？（　　）

A．长期天气预报预测会有一个温和的冬季

B．消费大量天然气的工业用户可以很快和便宜地转换到石油这种替代品

C．石油和天然气二者的最大供给来源地在亚热带地区，不大可能受冬季气候的影响

D．天然气工业用户的燃料需求量不会受气候的严重影响

2．方法可行

如上所述，假设类思路是加强类思路的一种特殊形式，即加强中的必要条件。因此，加强类思路的方法可行，也是其加强推理的一个方面。

例题 7-16

L 国 10 年前放松了对销售拆锁设备的法律限制后,盗窃案发生率急剧上升。因为合法购置的拆锁设备被用于大多数盗窃案中。所以,重新引入对销售该设备的严格限制将有助于减少 L 国盗窃的发生率。

下面哪一项如果正确,最有力地支持了以上论述?( )

A. L 国的犯罪率在过去 10 年始终急剧增加
B. 对于重新引入对拆锁设备销售的严格限制在 L 国得到了广泛支持
C. 对于重新引入对拆锁设备销售的严格限制不会阻碍警察和其他公共安全机构对这种设备的合法使用
D. 在 L 国使用的大多数拆锁设备是易坏的并且通常会在购买几年后损坏而无法修好

3. 无因无果

加强型批判性思维的无因无果,即求一致的思路。求一致思路,就是加强,即与推理一致性的就是加强;求不一致思路,就是削弱,即与推理不一致性的就是削弱。

概括而言,如果题干的推理主线是有 A—有 B,则无 A—无 B,就是对题干推理的加强。

例题 7-17

壳牌公司连续三年在全球 500 家最大公司净利润总额排名中位列第一,其主要原因是该公司比其他公司有更多的国际业务。

下列哪项如果为真,则最能支持上述说法?( )

A. 与壳牌公司规模相当但国际业务少的石油公司的利润都比壳牌公司低
B. 历史上全球 500 家大公司的净利润冠军都是石油公司
C. 近三年来全球最大的 500 家公司都在努力走向国际化
D. 近三年来石油和成品油的价格都很稳定

例题 7-18

1990 年以前,我国文物被盗情况严重,国家主要的博物馆中也发生了多起文物被盗事件,丢失珍贵文物多件。1990 年后,国家主要的博物馆安装了技术先进的多功能防盗系统,结果,此类重大盗窃案显著下降,这说明多功能防盗系统对于保护文物安全起到了重要作用。

以下哪项如果为真,最能加强上述结论?( )

A. 20 世纪 90 年代被盗的文物中包括一件珍贵的传世工艺品
B. 从 20 世纪 90 年代早期开始,私人收藏和小展馆中发生的文物盗窃案明显上升
C. 上述多功能防盗系统经过了国家级的技术鉴定
D. 1990—1999 年,国家主要博物馆为馆内重要的珍贵文物所付的保险金有了较大幅度增加

4. 没有他因

加强型批判性思维的没有他因，与假设型的一样。如上所述，在本章第三节的训练中，更多地是没有他因的加强型训练。在此不再赘述。

（三）削弱

一个推理要正确，通常需要两个条件：一是前提真实；二是推理或论证形式有效。因此，要反驳或削弱某个结论，有三个途径：削弱论题（推理的结论），这是最直接、最有效也是最大的削弱；削弱论据（推理的前提）；削弱论证方式（推理形式）。其中，后两种都是间接削弱。需要说明的是，推翻推理是最大的削弱，但是削弱并非一定要推翻推理。削弱型题目主要包括以下几类。

1. 否定假设

否定假设，其实质就是假设类思路，就是寻找出使推理成立的假设条件，然后予以否定，即对推理成立的假设（前提）做出否定。肯定假设是加强，否定假设就是削弱。

例题 7-19

近年来，私家车的数量猛增。为了解决日益严重的交通拥堵问题，B 市决定大幅度降低市内地面公交线路的票价。预计降价方案实施后 96% 的乘客将减少支出，这可以吸引乘客优先乘坐公交车，从而缓解 B 市的交通拥堵状况。

以下哪项陈述如果为真，能够最有力地削弱上面的结论？（　　）

A．B 市各单位的公车占该市机动车总量的 1/5，是造成该市交通拥堵的重要因素

B．公交线路票价大幅度下降后，公交车会更加拥挤，从而降低乘客的舒适性

C．便宜的票价对于注重乘车环境和"享受生活"的私家车主没有吸引力

D．一些老弱病残孕乘客仍然会乘坐出租车出行

2. 反对方法

反对方法，就是指推理的方法不可行，从而可以削弱推理。

3. 有因无果或无因有果

此即"求不一致"的思路。有因无果或无因有果，即如果题干的推理主线是有 A→有 B，则有 A→无 B，或无 A→有 B，就是对题干推理的削弱。题干的推理主线是无 A→无 B，则无 A→有 B，或有 A→无 B，就是对题干推理的削弱。

注意：两种推理中，前一种削弱要大于后一种。

例题 7-20

正因为有了充足的奶制品作为食物的来源，生活在呼伦贝尔大草原的牧民才能摄入足够的钙质。很明显，足够的钙质，对于呼伦贝尔大草原的牧民拥有健壮的体魄是必不可少的。

以下哪种情况如果为真，最能削弱以上断定？（　　）

A．有的呼伦贝尔大草原的牧民从食物中能摄入足够的钙质，且有健壮的体魄
B．有的呼伦贝尔大草原的牧民不具有健壮的体魄，但从食物中摄入的钙质并不少
C．有的呼伦贝尔大草原的牧民不具有健壮的体魄，他们从食物中不能摄入足够的钙质
D．有的呼伦贝尔大草原的牧民有健壮的体魄，但是没有充足的奶制品作为食物的来源

例题 7-21

在过去的20年里，科幻小说占全部小说的销售比例从1%提高到10%。其间，对这种小说的评论也有明显增加。一些书商认为，科幻小说销售量的上升主要得益于有促销作用的评论。

以下哪项如果为真，最能削弱题干中书商的看法？（　　）

A．科幻小说的评论，几乎没有读者
B．科幻小说的读者中，几乎没有人读科幻小说的评论
C．科幻小说评论文章的读者中，几乎都不购买科幻小说
D．科幻小说评论文章的读者中，包括著名的科学家

4．因果倒置

此即题干的推理是：A是造成B的原因，那么要削弱它，就可以指出并非A是造成B的原因，而B是造成A的原因。这样，就达到了对推理的削弱。

在现实生活中，经常发生因果倒置的逻辑错误。例如，18世纪，一个英国的议员调研发现，富裕的英国农民都有两头牛，而贫穷的农民没有两头牛。他由此宣布说其找到了让英国农民致富的途径：给贫穷的农民每家发放两头牛。这个议员就是犯了"因果倒置"的逻辑错误：是因为他是富裕的农民，才拥有两头牛；而不是他拥有了两头牛，就变成了富裕的农民。

例题 7-22

一项调查统计结果显示，肥胖者参加体育锻炼的月平均量，不到正常体重者的一半，而肥胖者食物摄入的月平均量，基本与正常体重者持平。专家由此得出结论，导致肥胖的主要原因是缺乏锻炼，而不是摄入过多的热量。

以下哪项如果为真，将严重削弱上述论证？（　　）

A．肥胖者的食物摄入平均量和正常体重者基本持平，但肥胖者中有人在节食
B．肥胖者由于体重的负担，比正常体重者较为不乐意参加体育锻炼
C．某些肥胖者体育锻炼的平均量，要大于正常体重者
D．体育锻炼通常会刺激食欲，从而增加食物摄入量

5．存在他因

没有他因，就是加强；存在他因，就是削弱。在此不再赘述。

例题 7-23

两个实验大棚里种上相同数量的黄瓜苗,在第一个大棚里施加镁盐,在第二个里不加。第一个产出了10公斤黄瓜,而第二个只产出了5公斤黄瓜。由于除了水以外没有向大棚施加别的东西,则第一个大棚产量较高的原因一定是施加了镁盐。

以下哪项如果为真,将严重削弱上述论证?(　　)

A. 两个实验大棚的土壤里都有少量镁盐

B. 第三个实验大棚施加了一种高氮肥料但没有加镁盐,产出了7公斤黄瓜

C. 两个实验大棚里都种植了四个不同的黄瓜品种

D. 两个实验大棚的土质和日照量不同

(四) 解释

解释型批判性思维需要读者对推理所涉及的事实或者现象之间存在的矛盾,给出合理的解释。解释型思维需要坚持"内敛性"思维,即推理的信息是正确的,需要从中发现合理的矛盾之处,从而化解推理的表面不一致和矛盾之处。从某种意义上而言,解释型批判性思维是为自己或者自己支持的推理,进行有效辩护的逻辑能力。

解释型思维,其中大量用到了求因果联系的方法,这类题型的特点是在题干中给出某种需要说明、解释的现象,再问什么样的理由、根据、原因能够最好地解释该现象,或最不能解释该现象,即与该现象的发生不相干。

解释型批判性思维可以分为两种:解释现象和解释矛盾。在此不再赘述。有兴趣的读者,可以通过以下题型的解答,来体会解释型批判性思维。

例题 7-24

"试点综合征"的问题现在屡见不鲜。出台一项改革措施,先进行试点,积累经验后再推广,这种以点带面的工作方法本来是人们经常采用的。但现在许多项目中出现了"一试点就成功,一推广就失败"的怪现象。

以下哪项是最不可能造成上述现象的原因?(　　)

A. 在选择试点单位时,一般选择比较好的单位

B. 为保证试点成功,政府往往给予试点单位许多优惠政策

C. 在试点过程中,领导往往比较重视,各方面的问题解决得较快

D. 试点尽管成功,但许多企业外部的政策、市场环境却并不相同

E. 全社会往往比较关注试点

例题 7-25

英国研究各类精神紧张症的专家们发现,越来越多的人在使用 Internet 之后会出现不同程度的不适反应。根据一项对10 000个经常上网的人的抽样调查,承认上网后感到烦躁和恼火的人数达到了1/3,而20岁以下的网迷则有44%承认上网后感到紧张和烦躁。有关心

理专家认为确实存在某种"互联网狂躁症"。

根据上述资料,以下哪项最不可能成为导致"互联网狂躁症"的病因?( )

A. 由于上网者的人数剧增,通道拥挤,如果要访问比较繁忙的网址,有时需要等待很长时间

B. 上网者经常是在不知道网址的情况下搜寻所需的资料和信息,成功的概率很小,有时花费了工夫也得不到预想的结果

C. 虽然在有些国家使用互联网是免费的,但在我国实行上网交费制,这对网络用户的上网时间起到了制约作用

D. 在 Internet 上能够接触到各种各样的信息,但很多时候信息过量会使人们无所适从,失去自信,个人注意力丧失

E. 由于匿名的缘故,上网者经常会受到其他一些上网者的无礼对待或接收到一些莫名其妙的信息垃圾

 ## 本章小结

1. 类比推理是根据两个或两类对象在某些属性上相同,推断出它们在另外的属性(这一属性已为类比的一个对象所具有,另一个类比的对象那里尚未发现)上也相同的一种推理。而假说就是人们依据已有的事实材料和科学原理,对未知事物的规律性做出的假定性解释。

2. 归纳推理的前提是一些关于个别事物或现象的命题,而结论则是关于该类事物或现象的普遍性命题。归纳推理是从一些特殊性知识的前提推出一个一般性知识结论的推理,是一种或然性推理。其包括完全归纳推理和不完全归纳推理两类。

3. 探求因果关系的主要逻辑方法是由英国逻辑学家穆勒(又翻译为密尔)创立的,因此,也称为"穆勒五法"或者"密尔五法",具体包括求同法、求异法、求同求异并用法、共变法和剩余法。

4. 批判性思维,也被称为非形式逻辑。批判性思维的训练,可以从假设、加强、削弱、解释和评价等方面进行。

 ## 复习思考题

一、填空题

1. 求因果五法,又称为"穆勒五法",是指求同法、(   )、(   )、(   )、(   )。

2. 传统的归纳推理分为(   )和(   )两种。

3. 求异法是(   )法的一种特殊形式。

4. 批判性思维在当代逻辑中可以称为(   )。

5. 类比推理,是从个别到(   )的推理;归纳推理,是从个别到(   )的推理;演绎推理,是从一般到(   )的推理。

二、选择题

1. 小光和小明是一对孪生兄弟，刚上小学一年级。一次，他们的爸爸带他们去密云水库游玩，看到了野鸭子。小光说："野鸭子吃小鱼。"小明说："野鸭子吃小虾。"哥俩说着说着就争论起来，非要爸爸给评评理。爸爸知道他们俩说得都不错，但没有直接回答他们的问题，而是用例子来进行比喻。说完后，哥俩都服气了。
   以下哪项最可能是爸爸讲给儿子们听的话？（   ）

   A. 一个人的爱好是会变化的。爸爸小时候很爱吃糖，你奶奶管也管不住。到现在，你让我吃我都不吃

   B. 什么事情都有两面性。咱们家养了猫，耗子就没了。但是，如果猫身上长了跳蚤也是很讨厌的

   C. 动物有时也通人性。有时主人喂它某种饲料吃得很好，若是陌生人喂，怎么也不吃

   D. 你们兄弟俩的爱好几乎一样，只是对饮料的爱好不同。一个喜欢可乐，一个喜欢雪碧。你妈妈就不在乎，可乐、雪碧都行

   E. 野鸭子和家里饲养的鸭子是有区别的。虽然人工饲养的鸭子是由野鸭子进化来的，但据说已经有几千年的历史了

2. 某市繁星商厦服装部在前一阵疲软的服务市场中打了一个反季节销售的胜仗。据统计，繁星商厦皮服的销售额在6、7、8三个月连续成倍数增长，6月527件，7月1269件，8月3218件。市有关主管部门希望在今年冬天向全市各大商场推广这种反季节销售的策略，力争当年11月、12月和第二年1月全市的夏衣销售能有一个大突破。
   以下哪项如果为真，能够最好地说明该市有关主管部门的这种希望可能会落空？（   ）

   A. 皮衣的价格可以在夏天一降再降，是因为厂家可以在皮衣淡季的时候购买原材料，其价格可以降低30%

   B. 皮衣的生产企业为了使生产销售可以正常循环，宁愿自己保本或者微利，把利润压缩了55%

   C. 在盛夏里搞皮衣反季节销售的不只是繁星商厦一家。但只有繁星商厦同时推出了由消协规定的三个月延长到七个月的售后服务，打消了很多消费者的顾虑，所以，在诸商家中独领风骚

   D. 今年夏天，繁星商厦的冬衣反季节销售并没有使该商厦夏衣的销售获益，反而略有下降

   E. 根据最近进行的消费心理调查的结果，买夏衣重流行、买冬衣重实惠是消费者极为普遍的心理

3. 近年，在对某大都市青少年犯罪情况的调查中发现，失足青少年中，24%都是离异家庭的子女。因此，离婚率的提高是造成青少年犯罪率提高的重要原因。
   假设每个离异家庭都有子女，则以下哪项如果是真的，最能对上述结论提出严重质疑？（   ）

   A. 十多年前该大都市的离婚率已接近1/4，且连年居高不下

   B. 该大都市近年的离婚率较以前有所下降

C. 离异家庭的子女中走上犯罪道路的毕竟是少数
D. 正常的离异比不正常地维系已经破裂的家庭要有利于社会的稳定

4. 京华大学的30名学生近日里答应参加一项旨在提高约会技巧的计划。在参加这项计划前一个月,他们平均已经有过一次约会。30名学生被分成两组:第一组与6名不同的志愿者进行6次"实习性"约会,并从约会对象得到对其外表和行为的看法的反馈;第二组仅为对照组。在进行实习性约会前,每一组都要分别填写社交忧惧调查表,并对其社交的技巧评定分数。进行实习性约会后,第一组需要再次填写调查表。结果表明:第一组较之对照组表现出更少的社交忧惧,在社交场合更加自信,以及更易进行约会。显然,实际进行约会,能够提高我们社会交际的水平。
以下哪项如果为真,最可能质疑上述推断?(   )
A. 这种训练计划能否普遍开展,专家们对此有不同的看法
B. 参加这项训练计划的学生并非随机抽取的,但是所有报名的学生并不知道实验计划将要包括的内容
C. 对照组在事后一直抱怨他们并不知道计划已经开始,因此,他们所填写的调查表因对未来有期待而填得比较悲观
D. 填写社交忧惧调查表时,学生需要对约会的情况进行一定的回忆,男学生普遍对约会对象评价得较为客观,而女学生则显得比较感性
E. 约会对象是志愿者,他们在事先并不了解计划的全过程,也不认识约会的实验对象

5. 20世纪50年代,我国森林覆盖率为19%,60年代为11%,70年代为6%,80年代不到4%。随着森林覆盖率的逐年减少,植被被大量破坏,土地对雨水的拦蓄作用也被削弱了。一下暴雨,水卷着泥沙滚滚而下,洪涝灾害逐年严重。由此可见,森林资源的破坏,是酿成洪灾的原因。
以下哪项使用的方法与上文最类似?(   )
A. 敲锣有声,吹箫有声,说话有声。这些发声现象都伴有物体上空气的振动,因而,可以断定物体上空气的振动是发声的原因
B. 把一群鸡分为两组。一组喂精白米,鸡得一种病,脚无力,不能行走,症状与人的脚气病相似。另一组用带壳稻米喂,鸡不得这种病。由此推测,带壳稻米中含有某些精白米中所没有的东西是造成脚气病的原因。进一步研究发现,这种东西就是维生素B1
C. 意大利的雷地反复进行一个实验,在4个大口瓶里,放进肉和鱼,然后盖上盖或蒙上纱布,苍蝇进不去,一个蛆都没有。另外4个大口瓶里,放进同样的肉和鱼,敞开瓶口,苍蝇飞进去产卵,腐烂的肉和鱼很快生满了蛆。可见,苍蝇产卵是鱼肉腐烂生蛆的原因
D. 在有空气的玻璃罩内通电击铃,随着抽出空气量的变化,铃声越来越小,若把空气全抽出,则完全听不到铃声。可见,声音是靠空气传播的
E. 棉花是植物纤维,疏松多孔,能保温。积雪是由水冻结而成的,有40%~50%的空气间隙,也是疏松多孔的,能保温。可见,疏松多孔是能保温的原因

6. 1995年，年龄在25～30岁的已婚青年夫妇中，与父母或岳父母生活在一起的占该年龄段人口的比例为15%，而2002年，这一比例升至46%。因此，在2002年，这一年龄段的已婚青年夫妇更难以独立生活。

上文的结论基于下列哪项假设？（　　）

A．这一年龄段中不能自立的青年夫妇更愿意和同龄人生活在一起，而不是和双方父母

B．这一年龄段的青年夫妇只要能够独立生活，就不会选择与双方父母共同生活

C．这一年龄段的青年夫妇虽然在调查时和父母或岳父母生活在一起，但在此之前是独立生活的

D．1995—2002年，适合青年夫妇租住和购买的住房数目是逐年减少的

7. 科学家给内蒙古的40亩盐碱地施入一些发电厂的脱硫灰渣，结果在这块地里长出了玉米和牧草，科学家得出结论：燃煤电厂的脱硫灰渣可以用来改造盐碱地。

以下哪项如果为真，最能支持科学家的结论？（　　）

A．用脱硫灰渣改良过的盐碱地中生长的玉米与肥沃土壤中玉米的长势差不多

B．脱硫灰渣的主要成分是石膏，而用石膏改良盐碱地已有100多年的历史

C．这40亩试验田旁边没有施用脱硫灰渣的盐碱地上灰蒙蒙的一片，连杂草也很少见

D．这些脱硫灰渣中重金属及污染物的含量均未超过国家标准

8. 1965—1980年，印第安纳赛车比赛中赛车手的平均年龄和赛车经历逐年增长。这一增长原因是高速赛车手比他们的前辈们活得时间长了，赛车的安全性能减少了以前能夺走驾驶者生命的冲撞的严重性，它们是印第安纳赛车比赛中车手年龄增长的根本原因。

下面哪一项如果正确，最可能成为证明汽车安全性能是赛车比赛中赛车手平均年龄增长的原因？（　　）

A．1965—1980年，快速车道上的年轻车手略多于年长的车手

B．1965年之前和之后，在高速赛车道上发生重大事故的频率相同

C．1965—1980年，试图取得资格参加印第安纳赛车比赛的车手的平均年龄有轻微下降

D．1965年之前和之后，在美国高速公路上事故发生的频率相同

9. 我国城市居民的最低生活保障权利已经以立法的形式得到确认。但占全国人口总数80%以上的农民的最低生活保障（即农村低保）依然是一片空白。实现农村低保的关键是筹集资金。一位经济学家断言：实现农村低保是国家财力完全可以做到的。

以下哪项如果为真，能给这位经济学家的断言以最大的支持？（　　）

A．目前我国农村有2365万绝对贫困人口，用现有的方法已经不能解决脱贫问题，只能依赖农村医保的建立健全

B．农村低保每年大约需要资金250亿元，是2005年我国财政总收入3万亿元的0.83%

C．农村低保每年大约需要资金250亿元，是修建三峡工程所用资金2000亿元的1/8

D．2000年以后，政府加大了扶贫开发资金的投入力度，但绝对贫困人口减少的速度明显放缓

10. 一家石油公司进行了一项关于石油泄漏对环境影响的调查,并得出结论:石油泄漏区域水鸟的存活率为95%。这项对于水鸟的调查被委托给了最近一次石油泄漏地区附近的一家动物医院,据调查,受污染的20只水鸟中只有1只死掉了。

    以下如果哪项为真,将对调查结果提出最严重的质疑?(　　)

    A．许多幸存的被污染的水鸟受到了严重污染

    B．大部分受影响的水鸟是被浮在水面上的石油所污染的

    C．极少数受污染的水鸟在再次被石油污染后被重新送回动物医院

    D．只有那些看起来还能活下去的受污染的水鸟才会被送进动物医院

11. 在司法审判中,所谓肯定性误判是指把无罪者判为有罪,否定性误判是指把有罪者判为无罪。肯定性误判就是所谓的错判,否定性误判就是所谓的错放。而司法公正的根本原则是"不放过一个坏人,不冤枉一个好人"。某法学家认为,目前,衡量一个法院在办案中是否对司法公正的原则贯彻得足够好,就看他的肯定性误判率是否足够低。

    以下哪项如果为真,将最有力地支持上述法学家的观点?(　　)

    A．各个法院的否定性误判率基本相同

    B．错放,只是放过了坏人;而错判,是既放过了坏人,又冤枉了好人

    C．错放造成的损失,大多是可以弥补的;错判对被害人造成的伤害,是不可弥补的

    D．各个法院的办案正确率普遍有明显的提高

12. 在法庭的被告中,被指控偷盗、抢劫的定罪率,要远高于被指控贪污、受贿的定罪率,其重要原因是后者能聘请收费昂贵的私人律师,而前者主要由法庭指定的律师辩护。

    以下哪项如果为真,最能支持题干的论述?(　　)

    A．被指控偷盗、抢劫的被告,远多于被指控贪污、受贿的被告

    B．一个合格的私人律师,与法庭指定的律师一样,既忠实于法律,又努力维护委托人的合法权益

    C．被指控偷盗、抢劫的被告中罪犯的比例,不高于被指控贪污、受贿的被告

    D．一些被指控偷盗、抢劫的被告,有能力聘请私人律师

 本章参考答案

例题参考答案

习题参考答案

第八章 逻辑规律、论证与谬误

本章重点

> - 掌握逻辑的基本规律。
> - 掌握非形式谬误的含义及其种类。
> - 理解论证的规则。
> - 了解论证的含义及其种类。

导语

逻辑基本规律是关于思维形式的基本规律,是人们正确运用概念、命题、推理等思维形式的抽象和概括。主要的逻辑基本规律有四条:同一律、矛盾律、排中律和充足理由律。论证,又称为证明,是用一个或一些真实的命题确定另一命题真实性的思维形式。论证是由论题、论据和论证方式三个部分组成的。谬误是指人们在思维和语言表达中所产生的一切逻辑错误。概言之,谬误就是有缺陷的推理。谬误可以分为两大类:形式谬误与非形式谬误。其中,非形式谬误又可以细分为不同的种类,即心理相关型谬误、语言歧义型谬误和论据不足型谬误等。

第一节 逻辑基本规律

逻辑基本规律是关于思维形式的基本规律,是人们正确运用概念、命题、推理等思维形式的抽象和概括。逻辑基本规律是正确思维的根本假定,也是理性交流的必要条件。主要的逻辑基本规律有四条:同一律、矛盾律、排中律和充足理由律。

一、同一律

同一律的基本内容是:在同一思维过程中,每一思想的自身必须是同一的。

同一律的公式可以表示为:

A 是 A

公式中的 A 可以表示任何思想,即可以表示任何一个概念或任何一个命题。也就是说,在同一思维过程中,所使用的每一个概念或判断都有其确定的内容,而不能任意变换。

同一律在思维或论证过程中的主要作用在于保证思维的确定性。只有具有确定性的思维才可能是正确的思维,才能正确地反映客观世界,人们也才能进行思想交流。否则,如果自觉或不自觉地违反同一律的逻辑要求,混淆概念或偷换概念、混淆论题或偷换论题,那就必然会使思维含混不清、不合逻辑，既不能正确地组织思想，也不能正确地表达思想。因此，遵守同一律的逻辑要求乃是正确思维的必要条件。

也就是说，同一律要求在同一思维过程（同一思考、同一表述、同一交谈、同一论辩）中，在什么意义上使用某个概念，就自始至终地在这个唯一确定的意义上使用这个概念；讨论什么论题，就讨论什么论题，不能偏题、跑题，不能在讨论某个论题的名义下讨论别的论题。

同一律的逻辑要求如下。

（1）在同一思维中必须保持概念自身的同一，否则，就会犯"混淆概念"或"偷换概念"的错误。

例如，某报载小品文一则，讽刺一些恋人的"向钱看"。

小伙子："您老是要这要那，不怕人家说你是高价姑娘吗？"

姑娘："怕什么？！裴多菲都说了'生命诚可贵，爱情价更高'嘛，价钱低了行吗？"

显然，这位答话的姑娘故意偷换概念。我们知道，所谓"高价姑娘"的"价"，是"价格"的"价"，是贬义。人们是用"高价姑娘"来贬斥那些把爱情当商品加以买卖的姑娘。而裴多菲诗中"爱情价更高"的"价"是"价值"的"价"，是褒义，它赞美真正的爱情比生命还要宝贵。因此，同一个语词（"价"）表达的是不同的概念，但上述答话的姑娘却故意将它们混用，用前者偷换后者，这是一种明显地违反同一律要求的逻辑错误。

（2）在同一思维过程中必须保持论题自身的同一，否则，就会犯"转移论题"或"偷换论题"的错误。

混淆或偷换论题是论证中常见的一种逻辑错误。这种错误是在论证过程中把两个不同的论题（判断或命题）混淆或等同起来，从而用一个论题去代换原来所论证的论题。

例如，有人在讨论学生需不需要学习地理时讲过下述这样一段话："我以为中学生没有必要学习地理。某个国家的地形和位置完全可以和这个国家的历史同时学习。我主张把历史课和地理课合并，这样对学生是方便的。因为这样做所占的时间较少，而获得的效果却很好。否则，这个国家的地理归地理，而它的历史归历史，各管各的，不能互相联系起来。"从这段话里不难看出，谈话者最初提出的话题是"中学生没有必要学习地理"，而随后所论述的却是另一个论题："可以把历史课和地理课合并"。显然，谈话者是把后一个论题与前一个论题混淆，因而，他就自觉或不自觉地用后一个论题去偷换前一个论题。这就是一种混淆或偷换论题的逻辑错误。

下面再举两例说明。

苏格拉底领了一个青年到智者欧底姆斯那里去请教。智者欧底姆斯为了显示自己的本领，决定给这个青年一个下马威。他劈头就提出了这样一个问题：你学习的是已经知道的东西还是不知道的东西？这个青年回答说，学习的是不知道的东西。于是智者欧底姆斯就向这个青年发出了一连串的问题：

"你认识字母吗？"

"我认识。"

"所有的字母都认识吗？"

"是的。"

"而教师教你的时候，不正是教你认识字母吗？"

"是的。"

"如果你认识字母，那么他教你的不就是你已经知道的东西吗？"

"是的。"

"那么，或者你并不是在学，只是那些不识字母的人在学吧！"

"不，我也在学。"

"那么，如果你认识字母，就是学你已经知道的东西了。"

"是的。"

"那么，你最初的回答就不对了。"

这个青年就这样被智者欧底姆斯搞晕了，于是承认了自己的失败，而甘心拜欧底姆斯为师。

分析：其实，在这个典故里，智者欧底姆斯使用了偷换概念的方法，把这个青年弄得昏头昏脑。

但有时故意违反同一律规则，却可以创造出特殊的说话效果。鲁迅在厦门大学任教时，校长林文庆经常克扣办学经费。在一次校务会议上，林又提出要扣掉一笔经费，教授们纷纷反对。林说："关于这件事，不能听你们的。学校的经费是有钱人拿出来的；只有有钱人，才有发言权！"鲁迅一下子站起来，从口袋里掏出两枚银币拍在桌上："我有钱，我也有发言权。"

例题 8-1

物理老师出一道题当堂考学生，题目是："一炉铁水凝结成铁块，它的体积缩小了三十四分之一。后来，铁块又熔化成铁水，体积增加了多少？"

学生甲经过计算，回答道："熔化后铁水的体积比铁块增加了三十三分之一。"

乙马上反对说："不对。同是一块铁，缩小的是三十四分之一，增加的是三十三分之一，不是自相矛盾吗？"

甲又说："不是我自相矛盾，而是你混淆了概念。"

请问，甲和乙谁对谁错？（　　）

A．甲对乙错　　　　　　　　B．甲对乙也对

C．甲错乙对　　　　　　　　D．甲错乙也错

例题 8-2

张先生买了块新手表。他把新手表和家中的挂钟对照，发现手表比挂钟一天慢了三分钟；后来他又把家中的挂钟和电台的标准时对照，发现家中的挂钟比电台标准时快了三分钟。张先生因此推断：他的表是准确的。

以下哪项是对张先生推断的正确评价？（　　）

A．张先生的推断是正确的，因为手表比挂钟慢三分钟，挂钟比标准时快三分钟，这说明手表准时

B．张先生的推断是正确的，因为他的手表是新的

C．张先生的推断是错误的，因为他不应该把手表和挂钟比，应该直接和标准时比

D．张先生的推断是错误的，因为挂钟比标准时快三分钟，是标准的三分钟；手表比挂钟慢三分钟，是不标准的三分钟

E．张先生的推断既无法断定为正确，也无法断定为错误

二、矛盾律

矛盾律实际上是禁止矛盾律，或不矛盾律。矛盾律的基本内容是：在同一思维过程中，两个互相矛盾或反对的思想不能同时是真的。或者说，一个思想及其否定不能同时是真的。

矛盾律的公式可以表示为

A 不是非 A

或者

并非（A 而且非 A）

公式中的"A"表示任一命题，"非 A"表示与 A 具有矛盾关系或反对关系的命题。因此，"A 不是非 A"是说：A 和非 A 这两个命题不能同真，即其中必有一个命题是假的。

矛盾律的主要作用在于保证思维的无矛盾性，即首尾一贯性。保持思想的前后一贯性，乃是正确思维的一个必要条件。矛盾律要求对两个互相矛盾或互相反对的判断不能都肯定，必须否定其中一个。否则，会犯"自相矛盾"的逻辑错误。

一般而言，违背矛盾律一般有以下三种情况。

一是肯定地使用了一个包含相互否定内涵的概念。

例如："崭新的旧自行车"。

二是使用了一个包含相互否定内容的命题。

例如："我们开学将近一个多月了。"

三是对两个具有矛盾或反对关系的命题同时予以肯定。

例如："小明是一个麻利的人，但是做事非常拖拉。"

我们可能听说过很多违反矛盾律的故事。例如，我国战国时期的思想家韩非子曾经谈到这样一个故事：有一个卖矛（长矛）和盾（盾牌）的人，先吹嘘他的盾如何坚固，说："吾盾之坚，物莫能陷也。"过了一会儿，他又吹嘘他的矛是如何锐利，说："吾矛之利，于物无不陷也。"这时旁人讥讽地问："以子之矛，陷子之盾，何如？"卖矛与盾的人无言以答了。因为当他说"我的盾任何东西都不能刺穿"时，实际上是断定了"所有的东西都不能够刺穿我的盾"这个全称否定命题；而当他说"我的矛可以刺穿任何东西"时，实际上又断定了"有的东西是能够刺穿我的盾的"这一特称肯定命题。这样，由于他同时肯定了两个具有矛盾关系的命题，因而就陷入了"自相矛盾"的境地。

从语言方面看，在遣词造句时，如果把反义词同时赋予同一主语，那就会发生文字上的矛盾。这种文字上的矛盾也必然会导致思想上的逻辑矛盾。下面分析两个例句：

"他是多少个死难者中幸免的一个。"

"船桨忽上忽下拍打着水面，发出紊乱的节奏声。"

第一个例句中，"死难者"和"幸免"是矛盾的，不可能同时用在一个人身上。第二例句中，"紊乱"和"节奏声"也是矛盾的，两者不可能并存。

下面再举例说明：

一个年轻人对大发明家爱迪生说："我有一个伟大的理想，那就是发明一种万能溶液，它可以溶解一切物品。"

爱迪生听罢，惊奇地问："什么！那你想用什么器皿来放置这种万能溶液？它不是可以溶解一切物品吗？"

年轻人顿时哑口无言。

分析：为什么这个年轻人被爱迪生问得哑口无言呢？因为他的想法包含了逻辑矛盾。因为他一方面承认"万能溶液可以溶解一切物品"，另一方面又承认"作为存放这种溶液的器皿是万能溶液所不能溶解的"，这两个判断是互相矛盾的。

矛盾律中，有一个非常有趣的内容，就是"悖论"。悖论是一种特殊的逻辑矛盾。它是指这样一种命题：由这一命题为真，可以推出它是假的；由这一命题为假，可以推出它是真的。

1919 年，英国著名的数学家、逻辑学家罗素曾经提出这样一个问题：

"某村子里有个理发师，他规定：在本村我只给而且一定要给那些自己不刮胡子的人刮胡子。请问：这个理发师给不给自己刮胡子？"

这是数学史上著名的"理发师悖论"，我们来分析一下这里面包含的逻辑矛盾。

分析：理发师给不给自己刮胡子呢？只有两种情况：不给自己刮，或者给自己刮。

如果理发师不给自己刮胡子，那么按照他的规定（我一定要给那些自己不刮胡子的人刮胡子），他就应该给自己刮胡子。这就是说，从理发师不给自己刮胡子出发，必然推出理发师应该给自己刮胡子的结论，这本身就构成了逻辑矛盾。

如果理发师给自己刮胡子，那么按照他的规定（我只给那些自己不刮胡子的人刮胡子），他就应该不给自己刮胡子。这就是说，从理发师给自己刮胡子出发，必然推出理发师应该不给自己刮胡子的结论，这本身也是一个逻辑矛盾。

到目前为止，很多悖论问题还没有解决。但是逻辑学家和数学家的深入研究，有力地推动了相关学科的发展。

例题 8-3

某珠宝店失窃，甲、乙、丙、丁四人涉嫌被拘审。四人的口供如下。

甲：案犯是丙。

乙：我和甲、丁三人中至少有一人作案。

丙：我没有作案。

丁：我们四人都没有作案。

四人口供中只有一人的口供是真话。如果以上断定为真，则以下哪项是真的？（　　）

A．甲说真话，作案的是丙　　　　B．乙说真话，作案的是乙

C．丙说真话，作案的是甲　　　　D．丙说真话，作案的是丁

E．丁说真话，四人中无人作案

三、排中律

排中律的基本内容是：在同一思维过程中，两个否定的思想不能同假，必有一真。

排中律的公式可以表示为

A 或者非 A

排中律的主要作用在于保证思维的明确性，而思维的明确性也是正确思维的一个必要条件。

排中律的逻辑要求是：对于两个互相矛盾的判断，必须明确地肯定其中之一是真的，不能对两者同时都加以否定。

对于两个互相矛盾的命题，如果有人既不承认前者是真的，又不承认后者是真的，或者说，如果有人既认为前者是假的，又认为后者也是假的，那么此人的思想就陷入了"模棱两可"之中（实际上应该叫作"模棱两不可"）。模棱两可是一种常见的违反排中律要求的逻辑错误。所谓模棱两可，就是在两个互相矛盾的命题之间，回避做出明确的选择，不做明确肯定的回答，既不肯定，也不否定。

下面举例说明：

有一块空地可以种庄稼，甲、乙两人讨论这块地种什么庄稼好。甲一会儿说应该种小麦，一会儿又说不应该种小麦。针对甲的说法，乙说："你的两种意见，我都不同意。"试分析甲、乙两人犯了什么逻辑错误。

分析：甲的说法违反了矛盾律的要求，犯了"自相矛盾"的错误，因为他同时断定了这块空地"应该种小麦"和"不应该种小麦"这两个相互矛盾的判断。针对甲的说法，乙的说法违反了排中律的要求，因为排中律认为两个互相矛盾的判断不能同假，而乙恰好断定上述两个判断都是假的。

在日常交流中或说话的正式场合，需要借助一定的说话技巧。

例如，1996 年，李登辉散布了一系列不利于国家统一的言论，当时外交部发言人沈国放在阐述中国政府的立场后，有记者问："你们是否把李登辉看作中国人？"这是一个巧设陷阱的难题，说"是"或"不是"都会贻人口实。沈国放这样回答："真正的中国人都是反对两个中国或一中一台的。"可谓得体之极。

四、充足理由律

充足理由律的基本内容是：在同一思维过程中，任一思想被确定为真，必然有充足的理由。

充足理由律的公式可以表示为

A 真，因为 B 真，并且 B 能推出 A

公式中的 A 表示被确定为真的思想，可称为"论断"；B 表示用来确定 A 的一个或一些真命题，可以称为"充足理由"。

具体地讲，充足理由原则的逻辑要求包括下列两个方面：第一，作为理由的判断应当是真实的；第二，理由和推断之间应当具有逻辑上的必然联系。换句话说，推论应当符合逻辑规则，推理形式应当是正确的。也就是说，充足理由原则的要求是：必须根据真实的判断和正确的推理形式来推出新的判断。因此，充足理由原则体现了证明过程中真实性和正确性的统一，体现了正确思维的论证性的特点。

违反充足理由原则要求的逻辑错误是理由不充足。它有两种表现。

第一种表现是理由本身是虚假的。比如，和平主义者提出了"反对一切战争"的口号，他们的理由是："一切战争都是非正义的。"这个理由本身是不真实的，因为只要有战争，就有正义战争和非正义战争之分。一切推动社会历史前进的战争，例如，农民革命战争、民族解放战争就是正义的战争。所以，和平主义者依据的理由是虚假的、错误的。从逻辑上讲，这种错误叫作"虚假理由"的逻辑错误。

第二种表现是理由和推断之间没有必然的联系，或者说推论不符合逻辑。比如，有人说："如果一个人是运动员，那么他就要经常锻炼身体，我不是运动员，所以，我不需要经常锻炼身体。"这个人的结论显然是不正确的。尽管这个推论的理由都是真的（即"运动员要经常锻炼身体"和"我不是运动员"都是事实），但由于它违反推理的规则，它的推理形式是错误的，即推断不是从理由中逻辑地推出来的，因而，这个推论不符合充足理由原则的逻辑要求，结论也是错误的。用这种错误的推理形式来进行证明，就是一种"推不出"的逻辑错误。

违背了充足理由律，就会犯"毫无理由""虚假理由""预期理由""推不出"等逻辑错误。

第二节 论 证

一、论证的含义

论证，又称为证明，是用一个或一些真实的命题确定另一命题真实性的思维形式。

论证是由论题、论据和论证方式三个部分组成的。论题、论据和论证方式称为"论证三要素"。

论题是真实性需要加以证明的判断。它是进行论证的终结目的。

论据是用来证明论题真实性的那些判断。论据可以分为两类：真实性明显的论据，即在论证过程中无须为其真实性再进一步提供论据的论据；真实性不明显的论据，即在论证过程中，其真实性需要进一步提供论据的论据。在论证中凡自身不再带有论据的论据，又称基本论据。在论证中凡自身再带有论据的论据，又称非基本论据。

论证方式是论证中运用的各种推理形式的总和。论证方式也称为论证形式。在逻辑学中的演绎推理、归纳推理、类比推理等，都是论证方式之一。

论证与推理是有密切联系的，证明总是借助于推理来进行的。论据相当于推理的前提，论题相当于结论，论证方式相当于推理形式。任何证明的过程都是运用推理的过程，没有推理就无法构成证明。

充足理由原则是论证的逻辑原则。

二、论证的种类

按照不同的标准，可以对论证进行不同的分类：按照论证方式（即论证过程中所运用的推理形式）的不同，论证可分为演绎论证和归纳论证；按照论证方法的不同（即是否对论题直接进行论证），论证可分为直接论证与间接论证。

（一）演绎论证和归纳论证

演绎论证是借助于演绎推理来进行的论证，即用一般原理来论证特殊事实的一种论证。在这种论证中，论据主要是一般性原理，论题是关于某种特殊事实的论断。

归纳论证是借助于归纳推理进行的论证，即用某种典型的关于特殊事实的判断来论证一般原理的一种论证。在这种论证中，论据是关于特殊事实的判断，而论题则是某个一般性的原理。归纳推理一般来说是一种或然性推理，因此，在严格的论证中，用不完全归纳推理建构的论证一般只能起辅助作用。至于完全归纳推理或科学归纳推理所建构的论证，由于这两种推理中，前者实质上是一种必然性推理，后者也包含着演绎因素，因而，结论是具有较高可靠性的推理。

（二）直接论证与间接论证

直接论证就是从论据的真实直接推出论题的真实的一种论证方法。间接论证又称反证法，它是通过论证反论题的虚假，从而判明所要论证的论题真实的一种论证方法。

运用间接论证方法进行论证，一般有三个步骤。

（1）设立反论题（即与所要论证的论题相矛盾的论题）；
（2）论证反论题是虚假的；
（3）根据排中律，推出所要论证的论题的真实。

间接论证又可以细分为两种。

1. 反证法

反证法，又可以称为归谬法，是一种先假定反论题为真，并从中引出谬误的推断，然后，根据假言推理的否定式，从否定谬误的推断到否定反论题的真实的一种方法。既然否定了反论题的真实，那么，根据排中律，自然也就论证了所要论证的论题是真实的。

反证法的论证过程可以表示为

【求证】p

【证明】假设 q（q 与 p 具有矛盾关系或下反对关系）

如果 q，那么 r

非 r

所以，非 q

所以 p

2．选言证法

选言证法，也称穷举法，是选言推理的否定肯定式的运用，即从否定反论题真实而推出所要论证的论题真实。可见，为了进行间接论证，最关键的是要论证反论题的虚假（即否定反论题的真实）。换言之，穷举法就是列举出除所要论证的论题外还可能成立的其他各种不同论题，然后根据事实或推理将这些不同论题一一予以否定，从而论证所要论证的论题为真的一种方法。可见，穷举法实质上是选言推理的否定肯定式和完全归纳推理的联合运用。

选言证法的论证过程可以表示为

【求证】p

【证明】或者 p，或者 q，或者 r（或者 s……）

非 q

非 r（非 s……）

所以 p

我们可以列举很多关于论证的故事和事例。例如，在巴基斯坦影片《人世间》中，女主人公拉基雅的丈夫恶贯满盈，最后被人枪杀。凶手是拉基雅吗？拉基雅确实是开了枪的呀！老律师曼索尔把这个善良的妇女从绝境中解脱出来。这位正直的律师根据充分的理由论证了拉基雅不是杀死她丈夫的凶手，她是无辜的。曼索尔是这样论证的：

如果拉基雅是凶手，那么她手枪中的五颗子弹最少必有一发打中了她的丈夫。而现在经过现场检查，她手枪中的五发子弹都打在对面的墙上。打在墙上，当然没有打中她丈夫。再有，如果拉基雅是杀死她丈夫的凶手，那么，子弹一定是从正面打进她丈夫的身体的，因为拉基雅是面对面地对她丈夫开了枪。但是，经过法医检查，尸体上的子弹是从背后打进去的。

在这个例子中，老律师曼索尔用了两个充分条件假言推理的否定后件式，通过这两次演绎论证，论证了"拉基雅不是凶手"这个论题。

三、论证的规则

人们要进行正确的论证，除了应该遵循论证的逻辑结构和种类方法外，还必须遵循一些规则。根据论证的结构，论证的规则分为三个方面：关于论题的规则、关于论据的规则、关于论证方式的规则。

（一）关于论题的规则

1．论题必须明确

违反这条规则，在逻辑论证中叫作"论旨不明"。

2．在同一论证过程中，论题应保持确定

违反这条规则，在写作上叫作"跑题"，在逻辑论证中叫作"转移论题"。例如，某人本来是要论证"必须重视体育锻炼"这一论题的，但他却大谈"如何展开体育锻炼"，这就犯了"转移论题"的逻辑错误。

（二）关于论据的规则

1．论据必须真实

在论证中论据不真实，就会犯"虚假论据"的逻辑错误。

例如，亚里士多德曾说过："地球是宇宙的中心，因为日月星辰都是围绕地球转的。"而所谓"日月星辰都是围绕地球转的"这一论据是假的。所以，这一论证就犯了虚假论据的错误。

论据不真实，还表现为"预期理由"的错误。所谓预期理由的错误，是指在论证时所用的论据本身还是一些真实性尚未得到论证的判断。

例如，曾有人为了论证"火星上是有人的"，而提出的论据是："用望远镜观察火星，可以发现上面有不少有规则的条状阴影，而这就是火星人开凿的运河。"因此得出结论："火星上是有人的。"这个论证就犯了预期理由的错误。因为他所提出的论据"火星上的有规则的条状阴影是火星人开凿的运河"，这个判断本身是否真实还未确定。

2．论据的真实性不能依赖论题来说明

这就是说，在同一论证过程中，论题与论据不能互为论据，否则就会犯"循环论证"的逻辑错误。例如有人试图以"从海岸上看远处的行船，总是先见桅杆后见船身"这一现象来论证地球是圆的。但是，若问为什么从海岸上看远处的行船总是先见桅杆后见船身呢？这又有待于"地球是圆的"这一判断来论证。由于这个论据的真实性还是依赖于这个论题的真实性来论证，因此，这样的论证等于是绕了一个圈子，结果仍然什么也没有论证。

（三）关于论证方式的规则

论证方式主要有一条规则，即论据和论题之间应有必然的逻辑联系。违反这条规则，就会犯"推不出"的逻辑错误。这种逻辑错误常见的有以下四种。

1．论证中采用的推理形式不正确

例如，有人说："这人个子这么高，一定是个篮球运动员。"然而，事实上并非所有高个子都是篮球运动员，"个子高"和"为篮球运动员"这两者之间并无必然联系。如果人们把这一错误的论证中包含的推理形式表述出来，那就是：

篮球运动员都是高个子；

此人是高个子；

所以，他是篮球运动员。

不难看出，这一推理违反了三段论的推理规则，犯了"中项不周延"的逻辑错误。这样，即使两个前提都是真的，但由于前提与结论之间无必然联系，结论并不一定真。因而，论据虽真，但却论证不了论题的真，这就是论证中"推不出"的逻辑错误。

2．论据和论题不相干

论据和论题不相干，即论证中的论据虽然也可能是真实的，但却与所要论证的论题毫无关系。用这样的论据当然是判明不了论题的真实性的。例如，有个年轻人在谈论自己学习不好的原因时说："我想，自己脑袋小，知识装不进，学习不好的原因就在这倒霉的长相上。"这个年轻人将自己学习不好的原因归于长相不好（脑袋小），显然是不科学的。其思维过程中就包含了这样一个逻辑论证：用"我的长相不好"作为论证来论证"我的学习不好"这一论题。而大家知道，学习好不好同长相好不好（脑袋大小）是毫不相干的。因此，这个年轻人的论证也就包含了"推不出"的逻辑错误。

3．以人为据

这是一种常见的"推不出"的逻辑错误。这是在论证过程中，为了论证一个判断是否真实，不是以事实和已经论证的科学原理为依据，而是以与这一判断（论题）有关的人（或提出的人，或支持者，或反对者）的权威、地位、品德作为论证这一判断真假的依据。通常所说的"因人纳言"或"因人废言"就是犯了这种错误。所谓"嘴上无毛，办事不牢"，用"办事者年纪轻"为论据来论证"年轻人办不好事"，也属于这类错误。

4．以相对为绝对

这也是一种常见的"推不出"的逻辑错误。这种错误是在寻找论据的时候，把在一定条件下的真实判断当作无条件的真实判断，也就是把在一定时间、地点、条件下正确的东西，当作在一切时间、地点、条件下都是正确的东西，并以此作为论据来进行论证。

四、反驳

在逻辑学里，通常把论证自己论题真实的思维过程称为论证，而把论证对方论题虚假或不能成立的思维过程称为反驳。因此，反驳也是一种论证。在写作上，常将论证称为"立论"，而将反驳称为"驳论"。

由于反驳是一种驳斥对方立论的方法，而一个立论即论证总是由论题、论据通过论证方式构成的，因此，为了驳斥对方的立论，可以从以下几方面入手：反驳论题（结论）、反驳论据和反驳论证方式。

（一）反驳论题

反驳论题，就是确定对方的论题是错误的，即论证对方的论题（结论）是假的。这是各类反驳中最彻底、最有逻辑力量的一种。

例题 8-4

一种对许多传染病非常有疗效的药物，目前只能从一种叫艾菠乐的树皮中提取，而这种树在自然界很稀少，5000 棵树的皮才能提取 1 公斤药物。因此，不断生产这种药物将不可避免地导致该种植物的灭绝。

以下哪项为真，则最能削弱上述论断？（   ）

A．把从艾菠乐树皮上提取的药物通过一个权威机构发放给医生

B．从艾菠乐树皮提取药物生产成本很高

C．艾菠乐的叶子在多种医学制品中都使用

D．艾菠乐可以通过插枝繁衍人工培育

E．艾菠乐主要生长在人迹罕至的地区

（二）反驳论据

反驳论据，就是确定对方在进行论证时所使用的论据是虚假的或是真假未定的，即反驳推出该结论的理由和根据。当然，论据虚假，并非题就必然虚假，但是可以削弱对方的结论。

在辩论中，反驳对方论题和论据常采用两种方法：直接反驳与间接反驳。

直接反驳是用事实或推理直接论证对方论题或论据的虚假。这又有两种不同的方法：一种是直接列举出与对方论题或论据相矛盾的事实，来论证对方论题或论据是虚假的；另一种方法是归谬法。归谬法在论证时是间接论证方法，在反驳时则是直接反驳方法。因为这时它是以对方论题或论据为前件（理由），推出一个（或几个）荒谬的后件（推断），然后，由否定后件到否定前件，从而论证对方论题或论据虚假的一种方法。比如，为了反驳"作文有秘诀"的论题，鲁迅反驳说："假使有，每个作家一定是传给子孙的，然而祖传的作家很少见。"这就是运用了归谬法的反驳方法。

间接反驳是先论证被反驳论题（或论据）的反论题的真实，然后根据矛盾律推出被反驳论题（或论据）的虚假。

例题 8-5

地球外有没有生命是科学家长期探索的课题。1996 年美国航天局在对火星陨石的研究中，正式提出了表明火星上 36 亿年前曾经存在生命的证据，并向全世界科学家挑战，欢迎他们论证这一论点是错误的。科学界对此反应不一。

以下是一些专家的意见，在这些意见中，哪个是对美国航天局的挑战？（   ）

A．这是论证地球外生命最令人深思和浮想联翩的事情

B．德国一位研究员说，36 亿年前太阳系中有众多陨石，很难确切断定哪一块真正来自火星

C. 对陨石上取下的一小片金色样品进行化学、组织学检测表明，36 亿年前这里有过原始生命、微生物生命的存在
D. 如果已发现 36 亿年前火星上有生命的存在，我不会感到特别意外
E. 我们不能排除这种可能性：生命从火星来到我们所在的这颗行星

（三）反驳论证方式

反驳论证方式就是指出从对方的论据中推不出所要论证的论题来，即揭露对方论证中犯有"推不出"的逻辑错误。

（1）指出该推理或论证不合逻辑，即从前提到结论的过渡是不合法的，违反了逻辑规则。

（2）确定的选项虽不直接削弱论题、论据和论证方式，但会削弱整个论证。

例题 8-6

只有患了肺炎才发高烧，小红患了肺炎，所以，她一定发了高烧。

以下哪个推理与上述推理犯了同样的逻辑错误，从而有力地说明上述推理不成立？（   ）

A. 只有学习好，才有资格当三好生，我学习好，所以，我一定有资格当三好生
B. 只有学习好，才有资格当三好生，我有资格当三好生，所以，我学习一定好
C. 只有学习好，才有资格当三好生，我没有资格当三好生，说明我学习不好
D. 只有学习好，才有资格当三好生，我学习不好，因此，我没有资格当三好生
E. 只有学习好，才有资格当三好生，因此没有资格当三好生的，不见得学习成绩一定不好

第三节　谬　　误

一、谬误的含义与种类

谬误是指人们在思维和语言表达中所产生的一切逻辑错误。概言之，谬误就是有缺陷的推理。谬误有广义和狭义之分。广义的谬误指违反事实和真理的认识，狭义的谬误指不符合思维规律的议论，特指推论谬误。

在现实生活中，还有一个语词和谬误非常相似，即"诡辩"，大家在使用时经常混淆。这两个词非常相似，都是表示不正确或者有问题的论证和推理。但是二者还是存在一定的差异，主要是主观性不一样。诡辩是故意的，是一种欺骗的方法，即诡辩者明明知道自己的推理是有问题的，但是出于一定的目的，故意误导或者隐瞒。而谬误是非主观的，是非故意的，即谬误的推论者从主观上认为自己的推理是正确的。

谬误可以分为两大类：形式谬误与非形式谬误。由于形式谬误是指那种由于违反形式逻辑的规则而产生的逻辑形式不正确的各种谬误，这在前面已介绍过，本书中仅着重介绍一些常见的非形式谬误。

非形式谬误又可以细分为不同的种类。例如，可以分为心理相关型谬误、语言歧义型谬误和论据不足型谬误等各种类型。本书选取一些有代表性的谬误，在此向读者展示谬误的一些特性和类型。

二、非形式谬误

（一）心理相关型谬误

心理相关型谬误，也称相关型谬误，是指论证者利用语言表达感情的功能，用言辞激发人们心理上的恐惧、敌意、怜悯或热情，以诱人接受其论题。人类的语言既具有传递信息、交流思想的认识功能，也具有传递感情、激发情绪的表达功能。心理相关型谬误，就是混淆论证中的心理相关和逻辑相关，以感情代替逻辑，从而产生谬误。其代表性的心理相关型谬误包括诉诸强力的谬误、诉诸人身的谬误、诉诸无知的谬误、诉诸怜悯的谬误、诉诸众人的谬误、诉诸权威的谬误以及诉诸武断的谬误。

1．诉诸强力的谬误

诉诸强力的谬误，是指论证者借助于强制力量，迫使他人接受论题或结论。诉诸强力的谬误，在拉丁文中的原意是"依赖棍棒"，引申为依赖各种强力威逼。其逻辑形式是：

我有强权，

所以，我的论题 A 成立。

在中国古代社会中，对嫌疑犯的滥施酷刑，就是诉诸强力谬误的一种典型代表。法官拥有强力，所以他的判断和论断一定是正确的，嫌疑犯常常被屈打成招，从而冤假错案堆积如山。中国古代的乡村中，所谓的地痞恶霸，也占据"道理"的制高点，很多人敢怒而不敢言，就是地痞恶霸诉诸强力的谬误，依据自己的武力、强力，而强迫其他人认同和认可。

2．诉诸人身的谬误

这是指在论辩中用攻击论敌的个人品质，甚至谩骂论敌的手段，来代替对具体论题的论证。因此，又称为"指向人的论证"。它以"人"本身作为其立论或驳论的唯一根据，因而，是论证过程中"以人为据"的各种具体表现。

例如，19 世纪 60 年代，英国教会和一些保守学者曾集会反对达尔文的进化论思想。某大主教拿不出科学论据反驳进化论，就把矛头指向信仰进化论的赫胥黎。他嘲讽地说："赫胥黎教授就坐在我旁边，他是想等我一坐下来就把我撕成碎片的，因为照他的信仰，他本来是猴子变的！不过，我倒要问问，这个猴子子孙的资格，到底是从祖父那里得来的呢，还是从祖母那里得来的呢？"这位大主教的"论证"就是一种人身攻击的谬误。这种手法的实质，是以不道德的论战手段代替正常的逻辑论证，以便使自己在论辩中取胜。

诉诸人身的谬误还可以分为"因人纳言""因人废言"等不同的类型。

因人纳言，是指在论辩过程中，仅仅根据立论者的愿望或自己对立论者的感情或钦佩，而不考虑其论断内容是否真实或其论证过程是否正确，便对立论者的论点表示接受和赞同的一种谬误。例如，有些人或由于某种小团体观念，或由于对某人的盲目崇拜，只要是自己小团体中的人或是自己所崇拜的人的言论就认定是正确的，就加以赞同、支持和拥护。

这就是一种因人纳言的谬误。

因人废言，是指在论辩过程中，仅仅根据立论者的道德品质或自己个人对立论者的厌恶态度，而不考虑立论者的论断内容是否真实，也不根据逻辑反驳的规则和要求，就对立论者的论点加以否定而表现出来的一种谬误。例如，有些人在批评人家的论点时，常常不是就别人的论点是否真实、别人的论断是否合乎逻辑来论证，而是抓住人家过去或现在的某些"小辫子"（如德行有污，犯过某些错误之类）不放，以此作为否定对方立论的唯一根据。这就是一种因人废言的谬误。

3．诉诸无知的谬误

这是一种以无知为论据而引起的谬误，即以证明或证伪一个论题的无知为根据，而断言这一论题假或真。其形式为

因为尚未证明论题 A 假，

所以，论题 A 真。

或者

因为尚未证明论题 A 真，

所以，论题 A 假。

例如，中世纪一个经院哲学家"发现"了证明上帝存在的逻辑方法。他说，有谁能证明上帝不存在呢？没有人，所以，上帝是存在的。这个经院哲学家运用的就是诉诸无知的谬误。

再如，某些法盲犯罪后，常常在预审中或庭审中用自己不懂法律，"不了解这样做是犯罪行为"等来为自己的罪行辩护，甚至论证自己无罪，就属此种谬误。其实，无知绝不是论据，不知某事实存在，并不等于该事实不存在。某人不懂法律，但并非意味着法律对其无效。

需要特殊说明的是，在某些领域，诉诸无知并非是谬误，而是一种经常采用的论证方式。例如，在法律实证及法律逻辑学中，就将"诉诸无知"作为一种重要的论证手段。法律逻辑中，其举证责任原则就是一种诉诸无知的论证方式。当 A 具有举证责任时，如果 A 不能证明证据为真，法院就认定证据为假。相反，如果 A 不能证明证据为假，法院就认定证据为真。

4．诉诸怜悯的谬误

诉诸怜悯，也可称为诉诸感情，这是一种仅以认定某人某事值得怜悯、同情而作为论据进行论证的谬误，或者可以认为诉诸怜悯是诉诸感情谬误的一种特例。例如，有的盗窃分子，在案发后的预审或庭审中，常常以自己家庭经济情况不好、十分可怜（如老母亲年老体弱、妻子多病、儿子伤残，医药费如何昂贵，如何为此而倾家荡产等）来博得别人的怜悯和同情，来为自己的盗窃行为辩护（似乎其盗窃是出于无奈，因而无罪或少罪），这就是一种诉诸怜悯的谬误。

换言之，诉诸怜悯，就是论证中不依靠有充分根据的论证，而仅利用激动的感情、煽

动性的言辞，去拉拢听众，去迎合一些人的不正当要求，以使别人支持自己的论点而出现的谬误。

5．诉诸众人的谬误

诉诸众人的谬误，就是指论证中援引众人的意见，也叫"以众取证"。其形式是：

因为众人都认为论题 A 正确，

所以，论题 A 成立。

历史上非常著名的"曾参杀人"的故事，就是一个诉诸众人的谬误。在孔子的学生曾参的家乡费邑，有一个与他同名同姓也叫曾参的人。有一天他在外乡杀了人。顷刻间，一股"曾参杀了人"的风闻便席卷了曾子的家乡。第一个向曾子的母亲报告情况的是曾家的一个邻人，那人没有亲眼看见杀人凶手。他是在案发以后，从一个目击者那里得知凶手名叫曾参的。当那个邻人把"曾参杀了人"的消息告诉曾子的母亲时，并没有引起预想的那种反应。曾子的母亲一向引以为骄傲的正是这个儿子。他是儒家圣人孔子的好学生，怎么会干伤天害理的事呢？曾母听了邻人的话，不惊不忧。她一边安之若素、有条不紊地织着布，一边斩钉截铁地对那个邻人说："我的儿子是不会去杀人的。"没隔多久，又有一个人跑到曾子的母亲面前说："曾参真的在外面杀了人。"曾子的母亲仍然不去理会。她还是坐在那里不慌不忙地穿梭引线，照常织着自己的布。又过了一会儿，第三个报信的人跑来对曾母说："现在外面议论纷纷，大家都说曾参的确杀了人。"曾母听到这里，心里骤然紧张起来。她害怕这种人命关天的事情要株连亲眷，因此，顾不得打听儿子的下落，急忙扔掉手中的梭子，关紧院门，端起梯子，越墙从僻静的地方逃走了。即使是一些不确实的说法，如果说的人很多，也会动摇一个慈母对自己贤德的儿子的信任。

6．诉诸权威的谬误

诉诸权威的谬误，是指在论证中对论题不做具体的论证，而仅靠不加分析地摘引权威人士的言论，以此作为论证论题正确的一种谬误。其形式是：

因为某专家认为论题 A 正确，

所以，论题 A 成立。

例如，在中世纪的欧洲，亚里士多德享有至高无上的权威。亚里士多德曾认定人的神经是在心脏汇合的，而当时的解剖学家已发现事实并非如此。于是，一些解剖学家请宣传亚里士多德的经院哲学家去看人体解剖。不料，经院哲学家们看后竟说："您清楚明白地使我看到了一切，假如在亚里士多德的著作中没有与此相反的说法，即神经是在心脏里汇合的，那我也就一定承认神经在大脑里汇合是真理。"这种谬误实质上是一种把权威的片言只语视为绝对真理而用以论证一切的谬误。所以，此种谬误又可称为滥用权威的谬误。

在诉诸权威的谬误中，还有一种特例，可以称为诉诸本人的谬误，即在论证中，以引用本人权威为依据，把本人的出身、学历、经历、资历作为论据，诱人相信论题。

7．诉诸武断的谬误

这是指既未提出充分的论据，也未进行必要的论证，就主观地做出判断的一种谬误。

诉诸武断的谬误，其实质就是违反了充足理由律的一种谬误。

例如，昆剧《十五贯》中，无锡知县过于执，仅凭尤胡芦（被害人）养女苏戌娟年轻貌美这一点，便判定她是与熊友兰勾搭成奸，谋财杀死养父的凶手。过于执的论断是："看你艳如桃李，岂能无人勾引？年正青春，岂能冷若冰霜？你与奸夫情投意合，自然要生比翼双飞之意。父亲拦阻，因之杀其父而盗其财，此乃人之常情。"这种无根据的主观臆断的错误便是一种诉诸武断的谬误。

（二）语言歧义型谬误

语言歧义型谬误也称为歧义型谬误，是由混淆不同的语义而产生的谬误。其典型的语言歧义谬误有稻草人的谬误、词语歧义的谬误、语句歧义的谬误、非黑即白的谬误等。

1．稻草人的谬误

稻草人的谬误，是指在辩论中首先歪曲对方的论点，然后再加以攻击。这就像捆扎一个稻草人以代表对方，然后用攻击稻草人的办法来冒充对对方论点的反驳。

在正常的辩论中，证明和反驳对方的论证应该切题，即一方所反驳的论题，必须是对方真正提出的论题。稻草人的谬误，即违反了这一原则。稻草人的谬误，可以分为歪曲对方的论点和虚构对方的论点两种形式。

歪曲对方的论点，就是把明显愚蠢的思想强加给对方，然后加以驳斥。例如，《孟子》中所言的：杨氏为我，是无君也；墨氏兼爱，是无父也；无父无君，是禽兽也。这就是一种典型的歪曲对方论点的稻草人的谬误。

虚构对方的论点，可以通过强调相反观点的方式，暗示虚构对方的观点。例如，某人说："我的观点是，我们单位不应该允许歧视工人。"这一论断就是暗示对方主张"应该允许歧视工人"。此外，还可以通过把对方的观点绝对化、普遍化，或者避强击虚的方式，来达到虚构对方论点的目的。

2．词语歧义的谬误

这是指在确定的语言环境下对同一语词在不同意义下使用（即表达了不同概念）而引起的逻辑错误。语词歧义的谬误，其实质是一种违反了逻辑同一律的谬误。

例如，"所有的鸟是有羽毛的，拔光了羽毛的鸟是鸟，所以，拔光了羽毛的鸟是有羽毛的。"为什么会得出这一自相矛盾的、错误的结论呢？原因就在于两个前提中所共同使用的语词（"鸟"）是有歧义的。在第一个前提中，语词"鸟"是就鸟之所以为鸟应当是有羽毛的这个意义而言的，而在第二个前提中，则是就鸟的一种特殊状态，即被拔光了羽毛这个意义而言的。

3．语句歧义的谬误

语句歧义的谬误，也可以称为构型歧义的谬误、语法歧义的谬误，是指在确定的语言环境下，对同一语句做不同意义的解释（即用以表达了不同的判断或命题）而导致的逻辑谬误。其实质是违犯了语法而造成的谬误。

例如，有这样一个推理："我们班上有10个足球爱好者与手球爱好者，所以，我们班上有10个手球爱好者。"表达这一推理的前提"我们班上有10个足球爱好者与手球爱好者"的语句是有歧义的：既可以理解为这10人既是足球爱好者又是手球爱好者，也可以理解为这10人中仅有一部分是足球爱好者，而另一部分是手球爱好者。但只有在前一种意义上才能推出上述结论，在后一种意义上是推不出上述结论的。

语句歧义的谬误，可以细分为：语词关系不明的谬误，如"评鲁迅论孔子"；动宾关系不明的谬误；代词所指不明的谬误，如"这是小明的画"；定语修饰不明的谬误；状语修饰不明的谬误；施受关系不明的谬误，如"关心的是班里的几名女同学"。

语句歧义的谬误经常造成含混笼统，因而，也可以说是一种含混笼统的谬误。尤其是我国古代的文言语言，由于简练而造成很多歧义，这就是古人所说的"书约而弟子辩"。

4．非黑即白的谬误

非黑即白的谬误是指在两个极端之间不恰当地二者择一。这里黑、白比喻两个极端。因为在黑、白之间，还有其他多种颜色作为中间体，而非黑即白的思考，却无视这些中间体的存在，把选择的范围仅限于黑和白两个极端，并不恰当地要求在这二者中择一。它又称作简单二分法或两端思考。其论证形式是：

因为不是黑的，所以是白的。

或者

因为不是白的，所以是黑的。

非黑即白的谬误，其逻辑实质就是把反对关系当成了矛盾关系。

例如，一个妻子对自己的丈夫说："你工作不要那么辛苦了，多休息一下。"丈夫听了说："什么，难道你要我变成一个懒蛋吗？"这个丈夫就犯了非黑即白的逻辑错误。因为不那么辛苦工作，并不意味着就什么也不干而成为懒蛋。

（三）论据不足型谬误

论据不足型谬误，是指由于缺乏论据的充分支持，而使得论题不能成立的错误论证。它包含很多形式，如特例的谬误、特例概括的谬误、样本太少的谬误、平均数的谬误、数据不可比的谬误、赌徒谬误、虚假原因的谬误、以先后为因果的谬误、因果倒置的谬误、类推的谬误、窃题的谬误、迁题的谬误以及强词夺理的谬误等。下面选择几种有代表性的论据不足的谬误加以介绍。

1．特例的谬误

特例的谬误，是指把一般原则误用于特殊例外的场合，又称为"偶然的谬误"。它与分解的谬误具有相同的逻辑错误。从某种意义上而言，可以称为分解的谬误。

例如，美国人富裕，就当然地认为每一个美国人都富裕。中国海洋大学的学生很优秀，就当然地认为每一个中国海洋大学的学生都优秀。

特例的谬误经常反映在用一个个案来反驳一个一般的结论。如上述案例，"美国人是富裕的"，这个一般性的结论是成立的。但是如果用一个特例来反驳它，例如，用一个美国的乞丐来证明这一结论就是错误的，就是在运用特例的谬误。这需要与归纳推理的反驳区分开。

2. 特例概括的谬误

特例概括的谬误，是指由特例不恰当地引申一般规律的错误论证，又可以称为"非典型例证""以偏概全""仓促概括"等。从某种意义上而言，可以称为合成的谬误。

特例概括的谬误，是指对局部正确的东西，于总体而言，并非必然都是正确的。例如，萨缪尔森曾经论证说，一个企业，努力研发新技术，降低成本，可以提高利润。但是当所有的企业都这样做时，就不一定都可以提高利润。

3. 平均数的谬误

平均数的谬误，是指以平均数的假象为根据引申出一般结论的错误论证。如果在一系列平均数中，有少数几个大数，那么平均数就很容易给人以假象。

例如，"这条河只有0.5米深，因此，不可能淹死一个1.7米高的人"就犯有平均数的谬误。因为平均情况是这样，并非每一种情况都是这样。

现代统计学中，为了避免平均数的谬误，引入了很多新的概念和统计方法。例如，引入了方差、标准差的概念。

4. 数据不可比的谬误

数据不可比的谬误，是指用不可比的两个数据所进行的错误相比论证。它是以不同类别的数据错误相比的论证。

例如，在美国与西班牙作战期间，美国海军强调"海军的死亡率比纽约市民的死亡率还低"，纽约市民的死亡率是每千人有16人，而尽管是战时，美国海军士兵的死亡率也不过每千人有9人，于是他们刊登广告鼓励青年参加海军。可是，每千人有16人和每千人有9人这两个数据是不可比的，二者具有明显的区别。因为海军士兵是经过体检选拔出来的身强力壮的年轻人，而纽约市民中有不少婴幼儿、老年人和各式各样的病人。正确比较战时海军与普通市民的死亡率，应该选择同等条件的抽样，即在纽约市民中选择与海军士兵同样年龄和健康状况的数据，这样才能得出正确的结论。

 本章小结

1. 逻辑基本规律是关于思维形式的基本规律，是人们正确运用概念、命题、推理等思维形式的抽象和概括。逻辑基本规律是正确思维的根本假定，也是理性交流的必要条件。主要的逻辑基本规律有四条：同一律、矛盾律、排中律和充足理由律。

2. 论证，又称为证明，是用一个或一些真实的命题确定另一命题真实性的思维形式。论证是由论题、论据和论证方式三个部分组成。人们要进行正确的论证，除了应该遵循论证的逻辑结构和种类方法外，还必须遵循一些规则。

3. 谬误是指人们在思维和语言表达中所产生的一切逻辑错误。谬误可以分为两大类：形式谬误与非形式谬误。非形式谬误可以细分为不同的种类：心理相关型谬误、语言歧义型谬误和论据不足型谬误等。

复习思考题

一、思考题

1. 谬误与狡辩有何关系？
2. 矛盾论与排中律的差异在哪里？
3. 现实中很多概念的内涵和外延是模糊的，如何保证同一律？
4. 如何理解诉诸无知在普通逻辑上是谬误，在法律逻辑中是一种可行的论证方式？

二、填空题

1. 逻辑的基本规律包括（　　）、（　　）、（　　）、（　　）。
2. 论证，又称为（　　），它的要素包括（　　）、（　　）和（　　）三个。
3. 按照论证方法的不同（即是否对论题直接进行论证），可分为（　　）与（　　）。其中，后者又可以细分为（　　）和（　　）。
4. 非形式谬误可以分为（　　）、（　　）和（　　）三种类型。

三、选择题

1. 湖南籍学生都出席了周末的"湘江联谊会"，李华出席了周末的"湘江联谊会"。因此，李华是湖南籍的学生。

   以下哪项最能有力地削弱上述论证？（　　）

   A. "湘江联谊会"实际上是湖南籍学生同乡会

   B. 有不少非湖南籍的学生要求出席周末的"湘江联谊会"

   C. 如果缺乏办事人员，周末的"湘江联谊会"将邀请非湖南籍学生出席并担任办事员。事实上，周末的"湘江联谊会"当时确实缺少办事人员

   D. 李华曾经出席其他联谊会

   E. 李华对组织"湘江联谊会"提出过许多合理建议

2. 以下是在一场关于"人工流产是否合理"的辩论中正反方辩手的发言。

   正方：反方辩友反对人工流产最基本的根据是珍视人的生命。人的生命自然要珍视，但是反方辩友显然不会反对，有时为了人类更高的整体性长远利益，不得不牺牲部分人的生命，例如，在正义战争中我们见到的那样。让我再举一个例子。我们为什么不把法定的汽车时速限制为不超过自行车呢？这样汽车交通死亡事故的发生率不是几乎可以下降到 0 吗？这说明，有时确实需要以生命的数量为代价来换取生命的质量。

   反方：对方辩友把人工流产和交通死亡事故做以上类比是毫无意义的，因为不可能有人会做这样的交通立法。设想一下，如果汽车行使得和自行车一样慢，那还要汽车干什么？对方辩友，你愿意我们的社会再回到没有汽车的时代吗？

   以下哪项最为确切地评价了反方的言论？（　　）

   A. 他的发言有力地反驳了正方的论证

   B. 他的发言实际上支持了正方的论证

C. 他的发言有力地支持了反方人工流产的立场

D. 他的发言完全地离开了正方阐述的论题

E. 他的发言是对正方的人身攻击而不是对正方论证的评价

3. 1908年，清朝三岁的宣统皇帝继位，接受文武百官的朝贺，钟鼓齐鸣，三呼万岁，把宣统皇帝吓得直哭。抱着宣统皇帝的摄政王安慰小皇帝说："快完了，快完了。"后来，清王朝于1911年被辛亥革命推翻。清朝的遗老遗少怪罪摄政王说，就是他在登基大典上说"快完了"，所以把大清朝的江山给葬送了。

以下哪一项与清朝的遗老遗少的说法相似？（　　）

A. 这个码头坍塌，固然与建筑的质量有关，但与今年潮水过大也有一定的关系

B. 这座大桥被冲垮了，完全是由于百年未遇的洪水的缘故

C. 兴达公司如此兴旺发达，完全是这个公司的名字取得好

D. 暂时没有攻克这个难关，是由于我们掌握的资料还不完全

E. 只要真理在我们手里，就没有什么困难可以阻止我们取得胜利

4. 王鸿的这段话不大会错，因为他是听他爸爸说的。而他爸爸是一个治学严谨、受人尊敬、造诣很深、世界著名的数学家。

以下哪项如果为真，则最能反驳上述结论？（　　）

A. 王鸿谈的不是关于数学的问题

B. 王鸿平时曾说过错话

C. 王鸿的爸爸并不认为他的每句话都是对的

D. 王鸿的爸爸已经老了

E. 王鸿很听他爸爸的话

 本章参考答案

例题参考答案

习题参考答案

参考文献

[1] 郭桥,资建民. 大学逻辑导论[M]. 北京:人民出版社,2003.

[2] 王海传,岳丽艳,陈素. 普通逻辑学[M]. 北京:科学出版社,2008.

[3] 华东师范大学哲学系逻辑学教研室. 形式逻辑[M]. 上海:华东师范大学出版社,2009.

[4] 武宏志,周建武,唐坚. 非形式逻辑导论[M]. 北京:人民出版社,2009.

[5] 张志成. 逻辑学教程[M]. 3版. 北京:中国人民大学出版社,2010.

[6] 李小克. 普通逻辑学教程[M]. 5版. 北京:首都经济贸易大学出版社,2014.

[7] 中国人民大学哲学院逻辑学教研室. 逻辑学[M]. 3版. 北京:中国人民大学出版社,2014.

[8] 周建武. GCT逻辑:考前辅导教程[M]. 北京:清华大学出版社,2014.

[9] 何向东. 逻辑学[M]. 2版. 北京:高等教育出版社,2018.

[10] 熊明辉. 逻辑学导论[M]. 2版. 上海:复旦大学出版社,2020.

[11] 陈波. 逻辑学导论[M]. 4版. 北京:中国人民大学出版社,2020.

附录 逻辑综合练习题

第一套

1. 光明中学的教育质量比培黎中学要强,因为就各校各年级的考试平均成绩而言,前者要高于后者。

   上述论证假设了以下哪项?( )

   Ⅰ. 光明中学的教师数量比培黎中学多。

   Ⅱ. 学生的平均考试成绩是测定教育质量的主要依据。

   Ⅲ. 两个学校对学生的考试要求和评分标准是一样的。

   A. 仅Ⅰ   B. 仅Ⅱ   C. 仅Ⅲ   D. 仅Ⅱ和Ⅲ

2. 某戒毒所收容了一批当地吸毒犯,其中发现有艾滋病毒感染者。另据有关统计数据显示,近年来,当地艾滋病毒感染和发病率呈明显上升趋势。其感染途径,按照其感染率,第一位是静脉注射吸毒,其次是同性恋,再次是卖淫嫖娼。除此以外,没有其他的感染途径。

   如果上述断定是真的,并且上述统计数据是准确反映事实的,则以下哪项断定也一定是真的?( )

   Ⅰ. 该批吸毒犯中有用静脉注射方式吸毒的。

   Ⅱ. 该批吸毒犯中有同性恋者。

   Ⅲ. 该批吸毒犯中有卖淫嫖娼者。

   A. Ⅰ,Ⅱ和Ⅲ   B. 仅Ⅰ和Ⅲ

   C. 仅Ⅱ和Ⅲ   D. Ⅰ,Ⅱ和Ⅲ都不一定是真的

3. 孝顺应当成为选拔国家干部的标准。一个连自己的父母都不孝顺的人,怎么能尽职地为社会服务?

   以下各项都符合题干的断定,除了( )。

   A. 一个孝顺父母的人,一定能成为称职的国家干部

   B. 只有孝顺父母,才能尽职地为社会服务

   C. 一个称职的国家干部一定是个孝顺父母的人

   D. 除非孝顺父母,否则不能成为称职的国家干部

4. 在中唐公司的中层干部中,王宜获得了由董事会颁发的特别奖。

   如果上述断定为真,则以下哪项断定不能确定真假?( )

   Ⅰ. 中唐公司的中层干部都获得了特别奖。

   Ⅱ. 中唐公司的中层干部都没有获得特别奖。

   Ⅲ. 中唐公司的中层干部中,有人获得了特别奖。

Ⅳ.中唐公司的中层干部中,有人没获得特别奖。

A. 只有Ⅰ　　　B. 只有Ⅲ和Ⅳ　　　C. 只有Ⅱ和Ⅲ　　　D. 只有Ⅰ和Ⅳ

5. 不可能有作案者没有作案动机,但不一定作案者都有作案时间。

以下哪项最符合题干的断定?（　　）

A. 作案者都必然有作案动机,但有的作案者可能没有作案时间
B. 作案者都必然有作案时间,有作案动机的不一定都作案
C. 作案者都可能有作案动机,不作案者不一定没有作案时间
D. 有作案动机的都可能是作案者,有作案时间的可能不是作案者

6. 我是台湾人,但同时我也是中国人。因此,台湾人都是中国人。

以下哪项最能说明上述推理不成立?（　　）

A. 姜昆是相声演员,姜昆又是曲艺演员,因此,相声演员都是曲艺演员
B. 爱迪生是科学家。爱迪生没有大学文凭。因此,没有大学文凭的人有可能成为科学家
C. 商品都有使用价值。太阳光不是商品。因此,太阳光没有使用价值
D. 鲁迅是文学家。鲁迅是绍兴人。因此,绍兴人都是文学家

7. 某班军训进行实弹射击测试,张辉、李平是该班的学生。关于测试成绩,以下断定只有一项为假。

(1) 张辉不合格。
(2) 如果张辉合格,则李平合格。
(3) 全班女生都合格。
(4) 张辉合格,但李平不合格。

以下哪项一定为真?（　　）

A. 张辉是女生　　　B. 张辉是男生　　　C. 李平是女生　　　D. 李平是男生

8. 为了参加大学生辩论赛,某高校在P、Q、R和S四名候选人中选拔辩手。

以下条件必须满足:
(1) P必须入选;
(2) 如果P和Q都入选,那么R要被淘汰;
(3) R和S不能都淘汰;
(4) 只有P被淘汰,S才能入选。

由上述断定可推出被淘汰的候选人是（　　）。

A. S和R　　　B. S和Q　　　C. R和Q　　　D. S,R和Q

9. 新疆的哈萨克人用经过训练的金雕在草原上长途追击野狼。某研究小组为研究金雕的飞行方向和判断野狼群的活动范围,将无线电传导器放置在一只金雕身上进行追踪。野狼为了觅食,其活动范围通常很广,因此,金雕追击野狼的飞行范围通常也很大。两周以来,无线电传导器不断传回的信号显示,金雕仅在放飞地3千米范围内飞行。

以下哪项如果为真,最有助于解释上述金雕的行为?（　　）

A. 金雕的放飞地周边重峦叠嶂、险峻异常

B. 金雕的放飞地2公里范围内有一牧羊草场，成为狼群袭击的目标
C. 由于受训金雕的捕杀，放飞地广阔草原的野狼几乎灭绝了
D. 无线电传导器信号仅能在有限的范围内传导
E. 无线电传导器的安放并未削弱金雕的飞行能力。

10. 王园获得的奖金比梁振杰的高，得知魏国庆的奖金比苗晓琴的高后，可知王园的奖金也比苗晓琴的高。

以下各项假设均能使上述推断成立，除了（　　）。

A. 魏国庆的奖金比王园的高
B. 梁振杰的奖金比苗晓琴的高
C. 梁振杰的奖金比魏国庆的高
D. 梁振杰的奖金和魏国庆的一样

11. 某城市有两大支柱产业：传统手工业和旅游业。发展传统手工业将不可避免地导致污染，从而破坏生态环境。但良好的生态环境又是发展旅游业的必要条件。

以下哪项能作为结论从上述断定中推出？（　　）

A. 市政府应大力加强对生态环境的保护
B. 这座城市无法同时发展传统手工业和旅游业
C. 应该用其他产业代替传统手工业和旅游业
D. 如果生态环境破坏了，传统手工业就不能发展

12. 小王参加了某公司的招工面试，不久，他得知以下消息。

(1) 公司已决定，他与小陈至少录一人。
(2) 公司可能不录他。
(3) 公司一定录用他。
(4) 公司已录用小陈。

其中两条消息为真，两条消息为假。

如果上述断定为真，则以下哪项为真？（　　）

A. 公司已录用小王，未录用小陈
B. 公司未录用小王，已录用小陈
C. 公司既录小王，又录小陈
D. 公司既未录小王，也未录小陈

13. 郑兵的孩子即将上高中，郑兵发现，在当地中学，学生与老师的比例低的学校，学生的高考成绩普遍都比较好，郑兵因此决定，让他的孩子选择学生总人数最少的学校就读。

以下哪项最为恰当地指出了郑兵上述决定的漏洞？（　　）

A. 忽略了学校教学质量既和学生与老师的比例有关，也和生源质量有关
B. 仅注重高考成绩，忽略了孩子的全面发展
C. 不当假设：学生总人数少就意味着学生与老师的比例低
D. 在考虑孩子的教育时忽略了孩子本人的愿望

14. 一项对高校教员的健康调查结果表明，80%的胃溃疡病患者都有夜间工作的习惯。因此，夜间工作易造成的植物神经功能紊乱是诱发胃溃疡病的重要原因。

以下哪一项如果为真，将严重削弱上述论证？（　　）

A. 该校只有近1/5的教员没有夜间工作的习惯

B. 该校的胃溃疡病患者主要集中在中老年教师中
C. 该校的胃溃疡病患者近年来有上升的趋势
D. 医学研究尚不能清楚地揭示消化系统的疾病和神经系统的内在联系

15. 在印度发现了一些不平常的陨石,它们的构成元素表明,它们只可能来自水星、金星和火星。由于水星靠太阳最近,它的物质可能被太阳吸引而不可能落到地球上,这些陨石也不可能来自金星,因为金星表面的任何物质都不可能摆脱它和太阳的引力而落到地球上,因此,这些陨石很可能是某次巨大的碰撞后从火星落到地球上的。
    上述论证方式和以下哪项最为类似?(　　)
    A. 这起谋杀或是财杀,或是仇杀,或是情杀。但作案现场并无财物丢失;死者家属和睦,夫妻恩爱,并无情人。因此,最大的可能是仇杀
    B. 如果张甲是作案者,那必有作案动机和作案时间。张甲确有作案动机,但没有作案时间。因此,张甲不可能是作案者
    C. 此次飞机失事的原因,或是人为破坏,或是设备故障,或是操作失误。被发现的黑匣子显示,事故原因确是设备故障。因此,可以排除人为破坏和操作失误
    D. 所有的自然数或是奇数,或是偶数,有的自然数不是奇数,因此,有的自然数是偶数

16. 家园小区的每栋住宅楼旁边都有地面停车位,并且都是按照与住户1∶1的比例设置的。
    如果上述断定为真,则以下哪项一定为真?(　　)
    Ⅰ. 家园小区有的住宅楼有停车位。
    Ⅱ. 如果一栋住宅楼的旁边有按照与住户1∶1的比例设置的地面停车位,那么这栋住宅楼就是家园小区的。
    Ⅲ. 如果一栋住宅楼的旁边有按照与住户1∶2的比例设置的地面停车位,那么这栋住宅楼就不是家园小区的。
    A. 仅有Ⅰ和Ⅱ　　　B. 仅Ⅰ和Ⅲ　　　C. Ⅰ,Ⅱ和Ⅲ　　　D. 仅Ⅰ

17. 三分之二的陪审员认为证人在被告作案时间、作案地点或作案动机上提供伪证。
    以下哪项能作为结论从上述断定中推出?(　　)
    A. 三分之二的陪审员认为证人在被告作案时间上提供伪证
    B. 三分之二的陪审员认为证人在被告作案地点上提供伪证
    C. 在被告作案时间、作案地点或作案动机这三个问题中,至少有一个问题,三分之二的陪审员认为证人在这个问题上提供伪证
    D. 以上各项均不能从题干的断定推出

18. 社会成员的幸福感是可以运用现代手段精确量化的。衡量一项社会改革措施是否成功,要看社会成员的幸福感总量是否增加。S市最近推出的福利改革明显增加了公务员的幸福感总量,因此,这项改革措施是成功的。
    以下哪项如果为真,最能削弱上述论证?(　　)
    A. 上述改革措施并没有增加S市所有公务员的幸福感
    B. S市公务员只占全市社会成员很小的比例

C. 上述改革措施在增加公务员幸福感总量的同时，减少了S市民营企业人员的幸福感总量

D. 上述改革措施在增加公务员幸福感总量的同时，减少了S市全体社会成员的幸福感总量

19. 如果鸿图公司的亏损进一步加大，那么是胡经理不称职；如果没有丝毫撤换胡经理的意向，那么胡经理就是称职的；如果公司的领导班子不能团结一心，那么是胡经理不称职。

如果上述断定为真，并且事实上胡经理不称职，那么以下哪项一定为真？（   ）

A. 公司的亏损进一步加大了

B. 出现撤换胡经理的意向

C. 公司领导班子仍不能团结一心

D. 公司的亏损进一步加大，并且出现撤换胡经理的意向

20. 某市一项对健身爱好者的调查表明，那些称自己每周固定进行两至三次健身锻炼的人近两年来由28%增加到35%，而对该市大多数健身房的调查则显示，近两年来去健身房的人数明显下降。

以下各项如果为真，都有助于解释上述看来矛盾的断定，除了（   ）。

A. 进行健身锻炼没什么规律的人在数量上明显减少

B. 健身房出于非正常的考虑，往往少报顾客的人数

C. 由于简易健身器的出现，家庭健身活动成为可能并逐渐流行

D. 为了吸引更多的顾客，该市健身房普遍调低了营业价格

第21题、第22题基于以下题干：

校务委员会决定，除非是来自西部的贫困生，否则不能获得特别奖学金。

21. 以下哪项如果为真，说明校务委员会的上述决定没有得到贯彻？（   ）

Ⅰ. 张珊是来自西部的贫困生，没有获得特别奖学金。

Ⅱ. 李思是来自东部的学生，获得了特别奖学金。

Ⅲ. 王武不是贫困生，获得了特别奖学金。

A. 只有Ⅰ   B. 只有Ⅰ和Ⅱ   C. 只有Ⅱ和Ⅲ   D. Ⅰ，Ⅱ和Ⅲ

22. 如果校务委员会的上述决定得到了贯彻，则以下哪项必定为真？（   ）

Ⅰ. 如果余涌获得了奖学金，则他一定是贫困生，但不一定来自西部。

Ⅱ. 如果余涌获得了奖学金，则他一定来自西部，但不一定是贫困生。

Ⅲ. 如果余涌获得了奖学金，则他要么是贫困生，要么来自西部。

A. 只有Ⅰ   B. 只有Ⅱ

C. 只有Ⅲ   D. Ⅰ，Ⅱ和Ⅲ都不必定为真

23. 所有校学生会委员都参加了大学生电影评论协会。张珊、李斯和王武都是校学生会委员，大学生电影评论协会不吸收大学一年级的学生参加。

如果上述断定为真，则以下哪项一定为真？（   ）

Ⅰ. 张珊、李斯和王武都不是大学一年级的学生。

Ⅱ．所有校学生会委员都不是大学一年级的学生。

Ⅲ．有些大学生电影评论协会的成员不是校学生会委员。

A．只有Ⅰ　　　　B．只有Ⅱ

C．只有Ⅲ　　　　D．只有Ⅰ和Ⅱ　　　　E．Ⅰ，Ⅱ和Ⅲ

24．麦老师：只有博士生导师才能担任学校"高级职称评定委员会"评委。

宋老师：不对。董老师是博士生导师，但不是"高级职称评定委员会"评委。

宋老师的回答说明他将麦老师的话错误地理解为（　　）。

A．有的"高级职称评定委员会"评委是博士生导师

B．董老师应该是"高级职称评定委员会"评委

C．只要是博士生导师，就是"高级职称评定委员会"评委

D．并非所有的博士生导师都是"高级职称评定委员会"评委

25．并非蔡经理负责研发或者负责销售工作。

如果上述陈述为真，以下哪项陈述一定为真？（　　）

A．蔡经理既不负责研发也不负责销售

B．蔡经理负责销售但不负责研发

C．蔡经理负责研发但不负责销售

D．如果蔡经理不负责销售，那么他负责研发

26．拥挤的居住条件所导致的市民健康状况明显下降，是清城面临的重大问题。因为清城和广川两个城市的面积和人口相当，所以，清城所面临的上述问题必定会在广川出现。

以下哪项最为恰当地指出了上述论证的漏洞？（　　）

A．不当的预设：拥挤的居住条件是导致市民健康状况下降的唯一原因

B．未能准确区分人口数量和人口密度这两个概念

C．忽略了相同的人口密度可以有不同的居住条件

D．未能恰当地选择第三个比较对象以增强结论的说服力

27．一个已经公认的结论是，北美洲人的祖先来自亚洲。至于亚洲人是如何到达北美洲的呢，科学家们一直假设，亚洲人是跨越在14 000年以前还联结着北美和亚洲后来沉入海底的陆地进入北美的，在艰难的迁徙途中，他们靠捕猎沿途陆地上的动物为食。最近的新发现导致了一个新的假设，亚洲人是驾船沿着上述陆地的南部海岸，沿途以鱼和海洋生物为食而进入北美的。

以下哪项如果为真，最能使人有理由在两个假设中更相信后者？（　　）

A．当北美和亚洲还连在一起的时候，亚洲人主要以捕猎陆地上的动物为生

B．上述联结北美和亚洲的陆地气候极为寒冷，植物品种和数量都极为稀少，无法维持动物的生存

C．存在于8000年以前的亚洲和北美文化，显示出极大的类似性

D．在欧洲，靠海洋生物为人的食物来源的海洋文化，最早发端于10 000年以前

28．只有住在广江市的人才感觉不到通货膨胀的影响；住在广江市的每一个人都要付税；每一个付税的人都发牢骚。

根据上面的这些句子,判断下列各项哪项一定是真的?(　　)

Ⅰ.每一个感觉不到通货膨胀影响的人都要付税。

Ⅱ.不发牢骚的人中没有一个感觉不到通货膨胀的影响。

Ⅲ.每一个发牢骚的人都感觉不到通货膨胀的影响。

　　A.仅Ⅰ和Ⅲ　　　　B.仅Ⅰ和Ⅱ　　　　C.仅Ⅱ和Ⅲ　　　　D.Ⅰ,Ⅱ和Ⅲ

29.通过调查得知,并非所有个体商贩都有偷税、逃税行为。

如果上述调查的结论是真的,则以下哪项一定为真?(　　)

A.所有的个体商贩都没有偷税、逃税行为

B.有的个体商贩确实没有偷税、逃税行为

C.并非有的个体商贩没有偷税、逃税行为

D.并非有的个体商贩有偷税、逃税行为

30.精制糖高含量的食物不会引起糖尿病的说法是不对的。因为精制糖高含量的食物会导致人的肥胖,而肥胖是引起糖尿病的一个重要诱因。

以下哪项论证在结构上和题干的最为类似?(　　)

A.接触冷空气易引起感冒的说法是不对的。因为感冒是由病毒引起的,而病毒易于在人群拥挤的温暖空气中大量繁殖蔓延

B.没有从济南到张家界的航班的说法是对的。因为虽然有从济南到北京的航班,也有从北京到张家界的航班,但没有从济南到张家界的直飞航班

C.施肥过度是引发草坪病虫害主要原因的说法是对的。因为过度施肥造成青草的疯长,而疯长的青草对于虫害几乎没有抵抗力

D.劣质汽油不会引起非正常油耗的说法是不对的。因为劣质汽油会引起发动机阀门的非正常老化,而发动机阀门的非正常老化会引起非正常油耗

31.某保健医院进行了为期10周的减肥试验。结果显示,参加者平均减肥9公斤。其中,男性参加者平均减肥13公斤,女性参加者平均减肥7公斤。

如果以上陈述是真的,并且其中的统计数据是精确的,则以下哪项也一定是真的?
(　　)

A.所有参加者体重均下降　　　　B.男性参加者和女性参加者一样多

C.女性参加者比男性参加者多　　　　D.男性参加者比女性参加者多

32.有着悠久历史的肯尼亚国家自然公园以野生动物在其中自由出没而著称。在这个公园中,已经有10多年没有出现灰狼了。最近,公园的董事会决定引进灰狼。董事会认为,灰狼不会对游客造成危害,因为灰狼的习性是避免与人接触的;灰狼也不会对公园中的其他野生动物造成危害,因为公园为灰狼准备了足够的家畜如山羊、兔子等作为食物。

以下各项如果为真,都能加强题干中董事会的论证,除了(　　)。

A.作为灰狼食物的山羊、兔子等,和野生动物一样在公园中自由出没,这增加了公园的自然气息和游客的乐趣

B.灰狼在进入公园前将经过严格的检疫,事实论证,只有患狂犬病的灰狼才会主动攻击人

C. 自然公园中，游客通常坐在汽车中游览，不会遭到野兽的直接攻击

D. 麋鹿是一种反应极其敏捷的野生动物。灰狼在公园中对麋鹿的捕食将减少其中的不良个体，从总体上有利于麋鹿的优化繁衍

33. 近年来，我国许多餐厅使用一次性筷子。这种现象受到越来越多的批评，理由是我国森林资源不足，把大好的木材用来做一次性筷子，实在是莫大的浪费。但奇怪的是，至今一次性筷子的使用还没有被禁止。

以下除哪项外，都能对上文的疑问从某一方面给予解释？（　　）

A. 有些一次性筷子不是木制的，有些一次性木制筷子并没使用森林中的木材

B. 已经论证，一次性筷子的使用能有效地避免一些疾病的交叉感染

C. 一次性筷子的使用与餐厅之间相互攀比有关，要禁必须大家一起禁才行

D. 一次性筷子并不如想象得那样卫生，有些病菌或病毒也会借助一次性筷子传播

34. 某大学一寝室中住着若干个学生。其中，一个是哈尔滨人，两个是北方人，一个是广东人，两个在法律系，三个是进修生。该寝室中恰好住了8个人。

如果题干中关于身份的介绍涉及寝室中所有的人，则以下各项关于该寝室的断定都不与题干矛盾，除了（　　）。

A. 该校法律系每年都招收进修生　　　B. 该校法律系从未招收过进修生

C. 来自广东的室友在法律系就读　　　D. 来自哈尔滨的室友在财政金融系就读

35. 乐意讲或者听有关自己的有趣故事或笑话，是一个人极为自信的标志。这种品格常常只在人们较为成熟时才会具有，它比默许他人对自己开玩笑的良好品质还要豁达。

如果上述题干为真，最能支持下面哪个结论？（　　）

A. 具有高度自信的人，不讲别人的笑话或有关别人的有趣故事

B. 许多人宁愿自己讲一个有趣的故事或笑话，而不愿听别人讲

C. 一个缺乏自信的人既不乐意讲也不乐意听有关他自己的有趣故事和笑话

D. 当着一个人的面讲述他的有趣故事或笑话，是表示对他尊敬的一种方式

36. 为了估计当前人们对管理基本知识掌握的水平，《管理者》杂志在读者中开展了一次管理知识有奖问答活动。答卷评分后发现，60%的参加者对于管理基本知识掌握的水平很高，30%的参加者也表现出了一定的水平。《管理者》杂志因此得出结论，目前社会群众对于管理基本知识的掌握还是不错的。

以下哪项如果为真，则最能削弱以上结论？（　　）

A. 管理基本知识的范围很广，仅凭一次答卷就得出结论未免过于草率

B. 掌握了管理基本知识与管理水平的真正提高还有相当的距离

C. 并非所有《管理者》的读者都参加了此次答卷活动，其信度值得商榷

D. 从发行渠道来看，《管理者》的读者主要是高学历者和实际的经营管理者

37. 农科院最近研制了一高效杀虫剂，通过飞机喷撒，能够大面积地杀死农田中的害虫。但使用这种杀虫剂未必能达到提高农作物产量的目的，甚至可能适得其反，因为这种杀虫剂在杀死害虫的同时，也杀死了保护农作物的各种益虫。

以下哪项如果为真，最能削弱上述论证？（　　）

A．上述杀虫剂的有效率，在同类产品中是最高的

B．益虫对农作物的保护作用，主要在于能消灭危害农作物的害虫

C．使用飞机喷撒上述杀虫剂，将增加农作物的生产成本

D．如果不发生虫灾，农田中的益虫要多于害虫

38. 有甲、乙、丙三个学生，一个出生在北京，一个出生在上海，一个出生在武汉；他们中一个学国际金融专业，一个学工商管理专业，一个学外语。其中：

Ⅰ．甲不是学国际金融的，乙不是学外语的。

Ⅱ．学国际金融的不出生在上海。

Ⅲ．学外语的出生在北京。

Ⅳ．乙不出生在武汉。

请根据上述条件，判断甲的专业是（　　）。

A．国际金融　　　　B．工商管理　　　　C．外语　　　　D．3 种专业都可能

39. 旅行社刚刚为三位旅客预订了飞机票。这三位旅客是荷兰人比尔、加拿大人伯托和英国人丹皮。他们三人一个去荷兰、一个去加拿大、一个去英国。据悉，比尔不打算去荷兰，丹皮不打算去英国，伯托既不去加拿大，也不去英国。

以下哪项从上述题干中推出最为恰当？（　　）

A．伯托去荷兰，丹皮去英国，比尔去加拿大

B．伯托去荷兰，丹皮去加拿大，比尔去英国

C．伯托去英国，丹皮去荷兰，比尔去加拿大

D．伯托去加拿大，丹皮去英国，比尔去荷兰

40. 小明、小红、小丽、小强、小梅五人去听音乐会。他们五人在同一排且座位相连，其中只有一个座位最靠近走廊，如果小强想坐在最靠近走廊的座位上，小丽想跟小明紧挨着，小红不想跟小丽紧挨着，小梅想跟小丽紧挨着，但不想跟小强或小明紧挨着。

以下哪项排序符合上述五人的意愿？（　　）

A．小明，小梅，小丽，小红，小强　　　　B．小强，小红，小明，小丽，小梅

C．小强，小梅，小红，小丽，小明　　　　D．小明，小红，小梅，小丽，小强

综合练习第一套参考答案

第二套

1. 如果"鱼和熊掌不可兼得"是不可改变的事实,则以下哪项也一定是事实?(　　)

   A. 鱼可得但熊掌不可得　　　　　　B. 熊掌可得但鱼不可得

   C. 鱼和熊掌皆不可得　　　　　　　D. 如果鱼不可得,则熊掌可得

   E. 如果鱼可得,则熊掌不可得

2. 如果学校的财务部门没有人上班,我们的支票就不能入账。我们的支票不能入账,因此,学校的财务部门没有人上班。

   下列各项中与上句推理结构最为相似的一句是(　　)。

   A. 如果太阳神队主场是在雨中与对手激战,就一定会赢。现在太阳神队主场输了,看来一定不是在雨中进行的比赛

   B. 如果太阳晒得厉害,李明就不会去游泳。今天太阳晒得果然厉害,因此,可以断定,李明一定没有去游泳

   C. 所有的学生都可以参加这一次的决赛,除非没有通过资格赛的测试。这个学生不能参加决赛,因此,他肯定没有通过资格赛的测试

   D. 倘若是妈妈做的菜,菜里面就一定会放红辣椒。菜里面果然有红辣椒,看来是妈妈做的菜

   E. 如果没有特别的原因,公司一般不批准职员的事假申请。公司批准了职员陈小鹏的事假申请,看来其中一定有一些特别的原因

3. 大城市的公共交通部门正在赤字中挣扎。乘客总抱怨汽车晚点和运输工具出毛病,服务种类减少,以及票价高于他们过去支付的水平。由于上述所有原因,以及汽油的价格并未高至令人不敢问津的水平,所以,公共交通车的乘客有所减少,这更进一步增加了赤字。
   下面哪一项关于公交乘客数量与汽油价格的关系的陈述最为上面文字所支持?(　　)

   A. 随着汽油价格的上升,公交乘客数也上升

   B. 即使汽油价格上升,公交乘客数仍继续下降

   C. 如果汽油价格升至令人不敢问津的水平,公交乘客数将上升

   D. 大多数公交乘客不用汽油,因此,汽油价格波动不太可能影响公交乘客

   E. 汽油的价格总是足够低,这使得私人交通比公共交通便宜,因此,汽油价格的波动不太可能影响公交乘客数

4. 学校田径运动会有4个径赛项目:100米、200米、400米和800米。二班有三位男生建国、小杰、大牛和三位女生丹丹、小颖、淑珍参加。

   运动会有两个规定:

   (1) 每个项目必须男女同时参加或同时不参加;

   (2) 每人只能参加一个项目。

   如果建国参加的是100米或200米,大牛参加的是400米,丹丹参加的是800米,则以

下哪项一定为真？（　　）

A．小杰参加的是800米　　　B．建国参加的是100米

C．小颖参加的是200米　　　D．淑珍参加的是400米

E．无法确定

5．国家委员会、州长会议和领导机构所做的公众报告都强调了公民更好地理解国际事务的极大必要性。如果一个国家要在国际竞争时代保持主导地位，这种必要性就是无可辩驳的。如果需要公民对国际事务更好地理解，那么所有的新教师都必须按照国际方向来准备和教授他们的课程。

如果段落中所有的陈述都是正确的，下面哪一项也一定是正确的？（　　）

A．如果一个国家要在国际竞争时代保持主导地位，那么新教师必须按照国际方向来准备和教授他们的课程

B．如果新教师按照国际方向来准备和教授他们的课程，那么这个国家在国际竞争时代就能保持主导地位

C．如果公民能更好地理解国际事务，那么这个国家在国际竞争时代就能保持主导地位

D．如果一个国家要在国际竞争时代保持主导地位，那么就不需要公民对国际事务有较好的理解

E．不同机构和委员会所做的公众报告都强调在培训教师的过程中加强国际方向性的必要

6．宿舍楼的高度为二层到六层不等，如果宿舍楼在二层以上，它就有安全通道。

如果上面陈述属实，则下面哪项也是正确的？（　　）

A．位于第二层的宿舍没有安全通道

B．位于第三层的宿舍没有安全通道

C．只有位于第二层以上的宿舍有安全通道

D．位于第四层的宿舍有安全通道

E．有些两层楼的宿舍楼没有安全通道

7．每逢下雨，街道和人行道就会变湿。

如果这是正确的，则下面哪个也一定是正确的？（　　）

Ⅰ．如果街道和人行道都是湿的，那么正在下雨。

Ⅱ．如果街道湿了，但人行道没湿，那么没下雨。

Ⅲ．如果没下雨，那么街道和人行道都不会湿。

A．只有Ⅰ　　　B．只有Ⅱ

C．只有Ⅲ　　　D．只有Ⅰ和Ⅱ　　　E．只有Ⅱ和Ⅲ

8．美国联邦所得税的征收实行累进税制，即收入越高，纳税率越高。美国有的州还在自己管辖的范围内，在绝大部分出售商品的价格上附加7%左右的销售税。如果销售税也被视为所得税的一种形式的话，那么，这种税收是违背累进制原则的：收入越低，纳税率越高。以下哪项如果为真，最能加强题干中的议论？（　　）

A．低收入者有能力支付销售税，因为他们缴纳的联邦所得税相对较低

B. 近年来，美国的收入差别显著扩大
C. 人们花在购物上的钱基本上是一样的
D. 销售税的实施，并没有减少商品的销售总量，但售出商品的比例有所变动
E. 美国的大多数州并没有征收销售税

9. 过度操劳和紧张相结合不可避免地会导致失眠。Hicorp 公司的管理人员都深受紧张之苦，这些管理人员大多数不顾医生的警告，每周工作 60 小时以上，而其他公司的管理人员每周工作一般不会超过 40 个小时。Hicorp 只给那些每周工作 40 个小时以上的员工奖金。

以下哪个结论最能被以上的论述所支持？（　　）

A. Hicorp 公司的管理人员工作的环境比其他公司管理人员的工作环境更具压力
B. Hicorp 公司给予员工的奖金大部分给了管理人员
C. 在 Hicorp 公司，失眠在管理人员中比在其他员工中普遍
D. Hicorp 公司中，没有哪位每周仅工作 40 小时的管理人员遭受了过度操劳的痛苦
E. Hicorp 公司中，大多数经常领取奖金的管理人员有失眠症

10. 在频繁地使用几个星期之后吉他琴弦经常会"死掉"——反应更加迟钝，音调不那么响亮。一个其儿子为古典吉他演奏家的研究人员提出一个假想，认为这是由脏东西和油，而不是琴弦材料性质的改变而导致的结果。

以下哪一项调查最有可能得出有助于评价该研究人员假想的信息？（　　）

A. 确定是否使用了一种金属合金来制作古典吉他演奏家使用的琴弦
B. 确定古典吉他演奏家使他们的琴弦"死掉"的速度是否比通俗吉他演奏家快
C. 确定把相同的标准、长度相等的琴弦安装在不同品牌的吉他上，是否以不同的速度"死掉"
D. 确定一根"死掉"的弦和一根新弦是否会产生不同音质的声音
E. 确定在新吉他弦上抹上不同的物质是否能使它们"死掉"

11. 以下关于某案件的四个断定中，只有一个是真的。

(1) 如果甲作案，那么乙是同案犯。
(2) 作案者是丙。
(3) 作案者是甲。
(4) 作案者是甲或丁。

真的断定是（　　）。

A. (1)　　　　　　　　B. (2)
C. (3)　　　　　　　　D. (4)　　　　　　　　E. 无法确定

12. 那些企图重复被一群有经验的科学家报道的某些有争议的实验结果的科学家没有得到与那些报道相一致的结果，进行重复实验的科学家由此得出结论认为，起初报道的结果是由于错误的测量引起的。

进行重复实验的科学家的论述假设认为（　　）。

A. 最初的实验被描述得不够详尽，使得完全重复这样的实验变得不大可能

B. 最初报道的实验结果引起了争议的事实使得这些结果很有可能是错的

C. 受最初报道的实验结果质疑的理论原则本身就基于不充分的证据

D. 那些重复实验不可能像原始实验那样被错误的测量所损害

E. 那些最初报道有争议的结果的研究者们自己也仅观察到这些结果一次

13. 在印刷术出现之前，只能以昂贵的价格购买手抄本形式的书。用印刷术制作的书比手抄本便宜得多。在印刷术出现后的第一年，公众对印刷版的书的需求量比对手抄书的大许多倍。这种增加表明，在出版商第一次使用印刷术的方法来制作书的那一年，学会读书的人的数量急剧增加。

下面哪一陈述如果正确，对上述论述提出了质疑？（   ）

A. 印刷术出现后的第一年里，人们在没有作家或职员帮助下的信的数量在急剧增加

B. 印刷术制作的书的拥有者们常常在书的空白处写上一些评论的话

C. 印刷术出现后的第一年，印刷版图书的购买者主要是那些以前经常买昂贵手抄本的人，但是用同样多的钱，他们可以买许多印刷版的书

D. 印刷术出现后的第一年，印刷版的书主要是在非正式的读书俱乐部或图书馆里的朋友们之间相互传阅

E. 印刷术出现后的第一年，印刷版的书对不识字的人来说是无用的，因为那些书中几乎没有插图

14. 一项研究发现，1970年调查的孩子中的70%曾经有过牙洞，而在1985年的调查中，仅有50%的孩子曾经有过牙洞。研究者们得出结论，在1970—1985年这段时间内，孩子们的牙病比率降低了。

下列哪一项如果为真，最能削弱研究者们上面得出的结论？（   ）

A. 牙洞是孩子们可能得的最普通的一种牙病

B. 被调查的孩子来自不同收入背景的家庭

C. 被调查的孩子是从与研究者们进行合作的老师的学生中选取的

D. 1970年以来，发现牙洞的技术水平得到了突飞猛进的提高

E. 平均来说，1985年调查的孩子要比1970年调查的孩子的年龄要小

15. David：由于要想保护每个目前濒临灭绝的物种将极为昂贵，所以那些对人类价值最大的濒危物种应该享有最优先的被保护权利。

Karen：这个政策是不合适的，这是因为一个物种的未来价值是无法预测的。另外，那些对人类贡献很少，但却是间接贡献的物种的目前价值也是无法估计的。

下面哪一项是Karen针对David的回答要点？（   ）

A. 尽管应该保护所有濒危的物种，但这样做，从经济上来说是不可能的

B. 即使某一物种对人类的价值是已知的，该价值也不应作为决定是否应该尽力保护该物种的一个因素

C. 那些对人类有直接贡献的物种应该比那些对人类仅有间接贡献的物种享有更优先的被保护权

D. 由于用于确定哪一物种对人类的价值最大的方法是不完善的，所以，无法根据对这种价值的估计做出明智的决定

E. 保护那些对人类的价值能够可靠预测的濒危物种比保护那些对人类来说价值无法预测的物种更加重要

16. 人体在深夜里要比在白天分泌更多的抑制疼痛的荷尔蒙。因此，在夜间进行手术的外科病人需要较少的麻醉剂。因为大量的麻醉剂会对病人造成较大的危险，所以如果手术经常在夜间进行，就会减少外科手术的风险。

下面哪一项如果正确，最能反对在夜间进行手术会减少外科手术风险这个观点？（　　）

A. 医院里在夜里的能量消耗通常比在白天少

B. 出生在午夜至早上 7 点之间的婴儿要比在其他时间的多

C. 在一年期间，人的生物钟对人们暴露于日光照射之下的数量的变化有所反应而发生轻微转变

D. 在夜间工作的护士和医疗技师每小时的收入比白天的高

E. 尽管一些人已习惯于夜间工作，但其手的灵巧程度和精神警觉性在夜间比在白天差

17. 几年前，芬兰的消费者开始缴纳一种能源税，他们每消费一单位来自非再生资源的能源就要缴纳 2 芬兰便士的能源税。自从引入这项能源税后，每年对来自非再生资源的能源的消费稳步减少。

如果文中所述正确，那么从其出发下列哪一项也一定正确？（　　）

A. 在芬兰，由该项能源税所形成的年税收不断减少

B. 芬兰每年消费的能源总量不断减少

C. 芬兰对可再生能源资源的使用不断上升

D. 由该项能源税所带来的年税收是用来推动对来自可再生资源的能源的使用

E. 芬兰对可再生能源资源的使用相对于不可再生能源资源的使用大大增加了

18. 在 Parkville，尽管骑自行车进行娱乐的人数显著上升，但最近一份来自 Parkville 的交通部门的报告显示，涉及自行车的事故已经连续三年呈现下降趋势。

下列哪一项，如果在过去三年中是正确的，最好地解释了上面事实中明显的矛盾？（　　）

A. Parkville 的娱乐部门没收了被遗弃的自行车，并向任何感兴趣的 Parkville 居民拍卖出售

B. Parkville 不断增加的汽车和公共交通一直是近年来不断增加的汽车事故的主要原因

C. 由于骑自行车进行娱乐的当地人不断增加，许多外地的自行车爱好者也在 Parkville 地区骑自行车

D. Parkville 的警察部门向骑自行车的人们颁布了更加严厉的交通法规，开始要求骑自行车进行娱乐的人要通过一项自行车安全课程

E. Parkville 的交通部门取消了一项规定，该规定要求所有的自行车每车都要进行检查和注册

19. 一高中英语教师在最近一次试验中，把一些真正的、通常使用的格言散置于几个他自己编造的、无意义的、听起来像格言的句子之中。接着他让学生们对所有列出的句子进行评价。学生们普遍都认为伪造的格言与真正的格言一样具有哲理和含义。这个老师于是就推论出格言之所以得到了格言的地位，主要是因为它们经常地被使用，而不是因为它们具有内在的哲理。

    下面哪一项如果正确的话，最能质疑该老师的结论？（　　）

    A．有些格言使用的频率比其他格言的高

    B．在所列出的句子中，真正的格言的数量比伪造的格言的多

    C．格言型的句子与听起来像格言的句子具有不同的风格

    D．一些学生以一种方式来考虑一句子，另一些学生会以另一种截然不同的方式来考虑它

    E．那些被选择作为评价者的学生，缺乏判断句子哲理性的经验

20. 众所周知，我们应当关心自身的身体健康。然而，对我们身体状况各方面都负责的欲望会产生一些负面的结果。仅仅关注我们的身体健康，就会疏忽自身的精神健康。因此，尽管可以从我们对身体健康的过分关注中获得身体上的益处，但是这样做通常是以牺牲自身精神健康为代价的。

    作者通过下面哪一项来证实他在上述段落中的立场？（　　）

    A．他先为自己的立场辩护，接着把它扩展到第二个领域

    B．他揭示了通常被认为是正确的立场的自相矛盾性

    C．通过提供新的论据，他证实了一个被普遍接受的观点

    D．他先提出自己的立场，接着用几个让步对自己的立场进行修正

    E．他论证了一流行的观点，若走向极端会出现问题

21. 地球在其形成的早期是一个熔岩状态的快速旋转体，绝大部分的铁元素处于其核心部分。有一些熔岩从这个旋转体的表面甩出，后来冷凝形成了月球。

    如果以上这种关于月球起源的理论正确，则最能支持以下哪项结论？（　　）

    A．月球是唯一围绕地球运行的星球

    B．月球将早于地球解体

    C．月球表面的凝固是在地球表面凝固之后

    D．月球像地球一样具有固体的表层结构和熔岩状态的核心

    E．月球的含铁比例小于地球核心部分的含铁比例

22. 罗伯塔出生于1967年，因此，1976年她9岁。从这个例子可以清楚地看到一个人出生年的最后两位数字与其9岁那年的后两位数相同，只是数字的位置颠倒了。

    以下哪一项是对上述推论的最佳反驳？（　　）

    A．这种归纳只对结尾数字不是两个零的年份有效

    B．例子显示的规律与建立在它基础上的归纳中的规律并不一致

    C．这种归纳只是在末尾数字比倒数第二位大1的出生年份里才有效

    D．除非已经预先假定了这种归纳的正确性，否则不能表明给出的例子是正确的

E. 这种归纳只对末尾数字大于 5 的年份适用

23. 古希腊剧作家 Euripides 在其晚期的作品中没有像其早期那样严格遵守诗体结构的成规。由于最近发现的一部 Euripides 的剧本中的诗句像他早期的剧本一样严格地遵守了那些成规，因此，该剧本一定创作于 Euripides 的早期。

    下面哪一个是上面论述所做的假设？（　　）

    A. 所有 Euripides 的剧本都写成诗体
    B. Euripides 在其创作生涯的晚期没有写过任何模仿其早期作品风格的剧本
    C. 随着创作的发展，Euripides 日益意识不到其诗体结构的成规
    D. 在其职业生涯晚期，Euripides 是其时代唯一的有意打破诗体成规的剧作家
    E. 古代的剧作家在其创作晚期比早期更倾向于不再愿意打破某种成规

24. 最近的稽核显示出 Banquecard——一种贷款服务在计算向其客户收取利息时出现了错误。但是 Banquecard 的总会计师解释说，在修改了其客户的贷款账户以改正原先的账务错误以后，公司列示的利润会保持不受影响，因为被索价过高的客户和被索价过低的客户一样多。

    该会计师在得出结论认为客户账户的改正不会影响 Banquecard 的利润过程中，犯了下面哪个推理错误？（　　）

    A. 相信在这次错误广为人知以后，Banquecard 作为值得信赖的贷款服务的名声可以维持住公司的客户
    B. 未能确定 Banquecard 向所有客户收取了相同的利率
    C. 忽视了 Banquecard 客户被索价过高的数额可能高于被索价过低的数额
    D. 假定被 Banquecard 索价过高的客户没有注意到他们贷款账单中出现的错误
    E. 预先假定账务错误使每个 Banquecard 的客户要么被索价过高，要么被索价过低

25. 政府应该实施一条法案来禁止在通勤火车上销售和饮用酒精饮料。最近，政府运用它的法律权力，通过了一条禁止在通勤火车上抽烟来保护上下班人健康的法律。当喝醉了的乘客下了火车，钻进他们的汽车后开车时，公众面临的危险与火车上不抽烟的乘客被迫呼吸香烟的烟尘所面临的危险至少是一样大。

    论证在通勤火车上喝含有酒精的饮料应该被禁止时，作者依赖于（　　）。

    A. 喝含有酒精的饮料有害个人健康的事实
    B. 人们需要保护以免受他们的行为对自己造成伤害的原则
    C. 对抽烟和喝酒精饮料做了一个充满感情的指责性描述
    D. 读者对通勤者所遭遇的问题的同情
    E. 在抽烟的影响与喝含有酒精的饮料的影响二者之间做了个比较

26. 对测谎仪的有用性无论怎样估计都不为过。尽管没有 100% 准确的雇员审查程序，但是，测谎仪对雇主和雇员来说都是一个非常有用的工具。最近，测谎仪的有用性被一所名牌大学进行的一次调查报告充分地证实。在这个调查报告中，申请某大公司内新设立的一个职位的职员被问及他们是否曾做过 X 项目的相关工作。被调查的申请者中，有超过

1/3 的人撒了谎,他们说他们曾做过 X 项目的相关工作,而这个项目是根本不存在的。下面哪一项能最好地指出作者关于测谎仪有用性论述中的一个错误?(　　)

A．上述论述依赖于这样的假设,对雇主有益的事情对雇员也有益

B．众所周知,测谎仪的准确率不到 100%,所以,测试将倾向于仅帮助那些有一些东西要隐瞒的人

C．通过提及一所名牌大学,作者是在诉诸权威而不是在诉诸证据

D．那个研究仅表明有些人会撒谎,而没说明测谎仪能探测到他们在撒谎

E．作者没有提及这个问题,即使用测谎仪可能也不能防止贪污

27．一大群行为亢进且日常饮食中包括大量含有添加剂食物的儿童被研究者观测用以评价他们是否存在行为问题。然后让这些儿童吃几个星期含较少添加剂的食物,接下来再对他们进行观测。起初有接近 60% 的儿童有行为问题,改变了他们的饮食后,仅有 30% 的儿童有行为问题。基于这些数据,我们可以推出食物添加剂有助于引起行为亢进的儿童的行为问题。

上面引用的证据不能论证上面的结论,因为(　　)。

A．没有证据显示行为问题的减少与食物添加剂摄入量的减小成比例

B．因为仅对那些改为食用含较少添加剂食物的儿童进行了研究,所以我们无法知道若不改变饮食会出现什么样的变化

C．因为被研究的群体的大小没有精确地给出,所以改变饮食后,我们无法确定究竟有多少个儿童有行为问题

D．没有出示有些儿童的行为不受添加剂影响的证据

E．文中的证据与有些儿童在食用含较少添加剂的饮食后比他们起初表现出更加频繁的行为问题的声明相一致

28．科学院研究结果表明:已经论证使用自然方法可以使一些管理经营良好的农场在不明显降低产量,甚至某些情况下可以在提高产量的基础上,减少合成肥料、杀虫剂及抗生素的使用量。

批评家:不是这样的,科学院选择用于研究的农场似乎是使用自然方法最有可能取得成功的农场。那些尝试了这样的自然方法且失败了的农场主会怎么样呢?

下面哪一项是对批评家应答的逻辑力量最充分的评价?(　　)

A．农业上的成功和失败很少仅仅因为幸运与否,因为农业就是对或然事件的管理

B．那些批评家表明如果被研究的农场的数量加倍,那么研究的结果将会不同

C．那些批评家毫无理由地假设那些失败不是由土壤质量引起的

D．那些批评家表明自然方法对大多数的农场主都不适合

E．被讨论的问题仅仅是为了展示某些事情是可能的,所以与被研究的例子是否具有代表性并无关系

29．在美国出生的正常婴儿在 3 个月大时平均体重在 12~14 磅。因此,如果一个 3 个月大的小孩体重只有 10 磅,那么他的体重增长低于美国平均水平。

以下哪一项指出了上面推理中的一处缺陷?（　　）

A．体重只是正常婴儿成长的一项指标

B．一些3个月大的小孩体重有17磅

C．一个正常的小孩出生时体重达到10磅是有可能的

D．短语"低于平均水平"并不一定意味着不够

E．平均体重增长同平均体重并不相同

30．一国丧失过量表土，需进口更多的粮食，这就增加了其他国家土壤的压力；一国大气污染，导致邻国受到酸雨的危害；二氧化碳排放过多，造成全球变暖、海平面上升，几乎可以危及所有的国家和地区。

下述哪项最能概括上文的主要观点?（　　）

A．环境危机已影响到国与国之间的关系，可能引起国际争端

B．经济的快速发展必然导致环境污染的加剧，先污染、后治理是一条规律

C．在治理环境污染问题上，发达国家愿意承担更多的责任和义务

D．环境问题已成为区域性、国际性问题，解决环境问题是人类面临的共同任务

E．各国在环境污染治理方面要量力而行

31．得克萨斯州大约5000名被判犯有非暴力罪行的罪犯没有去坐牢，而是去参加社区服务，这些人按照他们的技能为社区服务，从事包括从擦地板到做研究等不同工作。始于1979年的这种社会服务计划，由于几个月以前醉酒司机惩罚条例的实施而得以迅速发展。

下面各项均发生在20世纪70年代，其中哪项最可能促进了1979年社区服务项目的产生?（　　）

A．该州暴力犯罪的人数减少

B．该州犯法的职工人数增多

C．该州审判员平均年龄逐渐降低

D．该州监狱拥挤不堪

E．其他州通过了醉酒司机惩罚条例

32．德欣公司研究人员发现了一种新的名为溴化钍的毒药，这种药对所有老鼠，甚至是对其他毒药有免疫力的鼠种及只吃了极微量药的老鼠都是致命的。实验已经证实老鼠不会学会躲开溴化钍，而且食用溴化钍而死亡的老鼠尸体对其他健康的动物是无害的。

下面哪项如果正确，能论证研究人员的观点，即被溴化钍杀死的老鼠尸体对其他动物无害?（　　）

A．吃了溴化钍的老鼠当即死去

B．出于好奇，动物们经常查看出现在它们领地的尸体

C．死老鼠消化道内的化学物质能迅速将溴化钍分解成无毒物质

D．老鼠吃下溴化钍后，有微量残渣留在嘴中和唾液里

E．有些老鼠是食腐动物，它们经常以垃圾和死尸为食

33．名为三叶草的植物花朵为红色或白色。人们一直认为白天觅食的蜂鸟为它的红花授粉，而夜间觅食的飞蛾为它的白花授粉。为了论证这种以颜色决定的授粉方式存在，科学

家们最近将一部分三叶草花只在白天遮住,而另一些三叶草花只在夜晚遮住。结果开有红花在夜间被遮住的植物被授粉,而开有白花在白天被遮住的植物也被授粉。

下面哪项如果正确,将是论证蜂鸟被红花吸引而飞蛾被白花吸引的又一证据?(　　)

A. 未被遮住的三叶草花,无论是红色的还是白色的,被授粉的频率大致相等

B. 有些没被遮住的三叶草花授粉的频率大于未被遮住的三叶草花

C. 在夜间被遮住的红色三叶草花授粉的频率大于未被遮住的白色三叶草花

D. 白天被遮住的红色三叶草花和夜间被遮住的白色三叶草花仍未被授粉

E. 在8月底,当大部分蜂鸟迁徙而飞蛾依然繁多之时,开红花的三叶草植物比该季节早些时候更频繁地结果

34. 名为小麦农场主联盟的政治行动委员会,只凭登在9月、10月、11月的《农庄报道》——一个小麦农场主月刊——上呼吁捐款的广告吸引了70%的捐款者。小麦农场主联盟的主席为增加捐款者的人数,决定在《农庄报道》的每一期上登广告。她预计,增加在《农庄报道》上的广告的结果是捐款者至少会两倍于目前的人数。

下面哪项如果正确,将最有力地支持该主席的预测?(　　)

A. 9月、10月、11月的广告被少于《农庄报道》读者中愿意为小麦农场主联盟捐款的1/3的人注意到

B. 种小麦的农场主过去一直在夏末收割、出售完冬小麦后还银行贷款

C. 《农庄报道》读者中,大部分对小麦农场主联盟有足够兴趣、愿意捐款的人已经对广告做出了反应

D. 大多数在一年中捐款给小麦农场主联盟的人这样做是对《农庄报道》的广告做出的反应

E. 《农庄报道》每年的读者总数是稳定不变的

35. 人应对自己的正常行为负责,这种负责甚至包括因行为触犯法律而承受制裁。但是,人不应该对自己不可控制的行为负责。

以下哪项结论能从上述断定推出?(　　)

Ⅰ. 人的有些正常行为会触犯法律。

Ⅱ. 人对自己的正常行为有控制力。

Ⅲ. 不可控制的行为不可能触犯法律。

A. 只有Ⅰ　　　　　　B. 只有Ⅱ

C. 只有Ⅲ　　　　　D. 只有Ⅰ和Ⅱ　　　　　E. Ⅰ,Ⅱ和Ⅲ

36. Ditrama是一个由三个自治区,即Korva、Mitro和Guadar组成的联邦政府。在联邦的税收方案下,每个地区收到的联邦的税收分摊份额与每年的人口调查报告中显示的该地区居住的人口占Ditrama总人口的份额相等。去年,虽然基于税收分摊的人口调查报告显示Korva的人口在增加,但是Korva收到的税收份额占联邦税收的比例却有所下降。

如果上面的陈述是正确的,基于去年Ditrama的税收分摊的人口普查报告还能说明下面的哪一项?(　　)

A. 在三个地区中，Korva 居民最少

B. Korva 人口增长的比例比前一年的小

C. Mitro 和 Guadar 人口增长的比例都超过了 Korva 人口增长的比例

D. 在三个地区中，Korva 人口增长数是最小的

E. Korva 人口增长的比例至少比其他两个自治区中的某一个小

37. 据人口普查报告，扣除通货膨胀因素后，1983 年中等家庭收入增加了 16%。通常情况下，随着家庭收入的上升，贫困人数就会减少，然而，1983 年全国贫困率是 18 年来的最高水平。人口普查司提供了两种可能的原因：影响深、持续时间长的 1981—1982 年经济衰退的持续影响；由妇女赡养的家庭人口数量和不与亲戚们同住的成年人数量增多。这两种人都比整体人口更加贫困。

这个报告能得出以下哪个结论？（　　）

A. 全国贫困率在最近 18 年里一直稳步增长

B. 如果早期的经济衰退仍带来持续的影响，那么全国贫困率会升高

C. 即使人口中有些家庭收入下降或未增加，中等家庭收入依然可能增加

D. 不与亲戚一同生活的成年人是决定经济是否改善的关键人

E. 中等家庭收入受家庭形式变化的影响比受国民经济扩张或衰退程度的影响更大

38. P（polyhedosis）核病毒可以通过杀死吉普赛蛾的幼虫从而有助于控制该蛾的数目。这种病毒一直存活于幼虫身上，但每隔六到七年才会有大批幼虫因其死亡，从而大大降低了吉普赛蛾的数目。科学家们认为，这种通常处于潜伏状态的病毒，只有当幼虫受到生理上的压抑时才会被激活。

如果上文中科学家们所说的是正确的，下面哪种情况最有可能把这种病毒激活？
（　　）

A. 在吉普赛蛾泛滥成灾的地区，天气由干旱转变为正常降雨

B. 连续两年被吉普赛蛾侵袭的树木，树叶脱落的情况日愈加剧

C. 寄生的黄蜂和苍蝇对各类幼虫的捕食

D. 由于吉普赛蛾的数量过多而导致的食物严重短缺

E. 在吉普赛蛾肆虐的地区喷洒实验室里培制的 P（polyhedosis）核病毒

39. 一本畅销自助书的出版商在一些促销材料中声称这本书将向读者展示如何成为一个卓越而成功的人。当然，每个人都知道没有书能给很多人带来那些从定义上一定仅局限于少数人的卓越的成功。因此，尽管出版商很明显地做了一个虚假的声明，但是在这种情况下这种做法不应该被认为是不道德的。

下面哪一原则如果正确，能最有力地支持上面的推理？（　　）

A. 只要人们能合情合理地接受某一虚假的声明为真，那么故意做出这样的声明就是符合道德的

B. 如果做出虚假声明的人在损害那些认为该虚假声明为真的人的情况下获益，那么故意做出这样的声明是不道德的

C. 当那些认为某一虚假声明为真的人遭受的困难比他们期望的收益大时，故意做出这样的虚假声明是不道德的

D. 只要可能有人会认为某一虚假声明是真的，那么故意做出这样的声明就是不正确的

E. 至少在其他某个人发现某个虚假声明是假的，且这个人一定一度认为该声明是真的情况下，故意做出这样的声明是不道德的

40. 如果所有的鸟都会飞，并且鸵鸟是鸟，那么鸵鸟会飞。
   从这个前提出发，需要加上下面哪一组前提，才能推出"有些鸟不会飞"？（   ）
   A. 鸵鸟不是鸟，并且鸵鸟会飞
   B. 有的鸟会飞，并且鸵鸟是鸟
   C. 鸵鸟不会飞，并且鸵鸟是鸟
   D. 鸵鸟不会飞，并且所有的鸟都会飞
   E. 鸵鸟不会飞，且鸵鸟不是鸟

41. 域控制器储存了域内的账户、密码和属于这个域的计算机三项信息。当计算机接入网络时，域控制器首先要鉴别这台计算机是否属于这个域，用户使用的登录账号是否存在，密码是否正确。如果三项信息均正确，则允许登录；如果以上信息有一项不正确，那么域控制器就会拒绝这个用户从这台计算机登录。小张的登录账号正确时，但是域控制器拒绝小张的计算机登录。
   基于以上陈述能得出以下哪项结论？（   ）
   A. 小张输入的密码是错误的
   B. 小张的计算机不属于这个域
   C. 如果小张的计算机属于这个域，那么他输入的密码是错误的
   D. 只有小张输入的密码是正确的，他的计算机才属于这个域
   E. 如果小张输入的密码是正确的，那么他的计算机属于这个域

42. 李赫、张岚、林宏、何柏、邱辉五位同事，近日他们各自买了一辆不同品牌的小轿车，分别为雪铁龙、奥迪、宝马、奔驰、桑塔纳。这五辆车的颜色分别与五个人名字最后一个字谐音的颜色不同。已知李赫买的是蓝色的雪铁龙。
   以下哪项排列可能依次对应张岚、林宏、何柏、邱辉所买的车？（   ）
   A. 灰色的奥迪，白色的宝马，灰色的奔驰，红色的桑塔纳
   B. 黑色的奥迪，红色的宝马，灰色的奔驰，白色的桑塔纳
   C. 红色的奥迪，灰色的宝马，白色的奔驰，黑色的桑塔纳
   D. 白色的奥迪，黑色的宝马，红色的奔驰，灰色的桑塔纳
   E. 黑色的奥迪，灰色的宝马，白色的奔驰，红色的桑塔纳

43. 克鲁特是德国家喻户晓的"明星"北极熊，北极熊是名副其实的北极霸主，因此，克鲁特是名副其实的北极霸主。
   以下除哪项外，均与上述论证中出现的谬误相似？（   ）
   A. 儿童是祖国的花朵，小雅是儿童，因此，小雅是祖国的花朵
   B. 鲁迅的作品不是一天能读完的，《祝福》是鲁迅的作品，因此，《祝福》不是一天能读完的

C. 中国人是不怕困难的，我是中国人，因此，我是不怕困难的

D. 康怡花园坐落在清水街，清水街的建筑属于违章建筑，因此，康怡花园的建筑属于违章建筑

E. 西班牙语是外语，外语是普通高等学校招生的必考科目，因此，西班牙语是普通高校招生的必考科目

44. 在桂林漓江一些有地下河流的岩洞中，有许多露出河流水面的石笋。这些石笋是由水滴长年滴落在岩石表面而逐渐积累的矿物质形成的。

如果上述断定为真，最能支持以下哪项结论？（　　）

A. 过去漓江的江面比现在高

B. 只有漓江的岩洞中才有地下河流

C. 漓江的岩洞中大都有地下河流

D. 上述岩洞内的地下河流是在石笋形成前出现的

E. 上述岩洞内地下河流的水比过去深

45. 水泥的原料是很便宜的，像石灰石和随处可见的泥土都可以用作水泥的原料。但水泥的价格会受石油价格的影响，因为在高温炉窑中把原料变为水泥要耗费大量的能源。

基于上述断定最可能得出以下哪项结论？（　　）

A. 石油是水泥所含的原料之一

B. 石油是制水泥的一些高温炉窑的能源

C. 水泥的价格随着油价的上升而下跌

D. 水泥的价格越高，石灰石的价格也越高

E. 石油价格是决定水泥产量的主要因素

46. 某实验室一共有A、B、C三种类型的机器人，A型能识别颜色，B型能识别形状，C型既不能识别颜色也不能识别形状。实验室用红球、蓝球、红方块和蓝方块对1号和2号机器人进行实验，命令它们拿起红球，但1号拿起了红方块，2号拿起了蓝球。

根据上述实验，以下哪项判断一定为真？（　　）

A. 1号和2号都是C型　　　　　　B. 1号和2号有且只有一个是C型

C. 1号是A型且2号是B型　　　　D. 1号不是B型且2号不是A型

E. 1号可能不是A、B、C三种类型中的任何一种

47. 在西方经济发展的萧条期，消费需求的萎缩导致许多企业解雇职工甚至倒闭。在萧条期，被解雇的职工很难找到新的工作，这就增加了失业人数。萧条之后的复苏，是指消费需求的增加和社会投资能力的扩张。这种扩张要求增加劳动力。但是经历了萧条之后的企业主大都丧失了经商的自信，他们尽可能地推迟雇佣新的职工。

上述断定如果为真，最能支持以下哪项结论？（　　）

A. 经济复苏不一定能迅速减少失业人数

B. 萧条之后的复苏至少需要两三年

C. 萧条期的失业大军主要由倒闭企业的职工组成

D. 萧条通常是由企业主丧失经商自信引起的

E. 在西方经济发展中出现萧条是解雇职工造成的

48. 小张约小李第二天去商场，小李说："如果明天不下雨，我就去爬山。"第二天，天下起了毛毛细雨，小张以为小李不去爬山了，就去小李的宿舍找他，谁知小李仍然去爬山了。待两人又见面时，小张责怪小李食言，既然天下雨了，为什么还去爬山；小李却说，他没有食言，是小张的推论不合逻辑。

对于两人的争论，以下哪项论断是合适的？（　　）

A. 小张和小李的这个争论是没有意义的　　B. 小张的推论不合逻辑

C. 两个人对毛毛细雨的理解不同　　D. 由于小李食言，引起了这场争论

E. 由于小李的表达不够明确，引起了这场争论

49. 有写有字母和数字的四张卡片：一面是大写英文字母，另一面是阿拉伯数字。

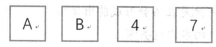

如果主持人断定，如果一面是元音字母，则另一面是偶数。

如果试图推翻主持人的断定，但只允许翻动以上两张卡片，正确的选择是（　　）。

A. 翻动A和4　　　　　　B. 翻动A和7

C. 翻动A和B　　　　　　D. 翻动B和7　　　　　　E. 翻动B和4

50. 李工程师：在日本，肺癌病人的平均生存年限（即从确诊至死亡的年限）是9年，而在亚洲的其他国家，肺癌病人的平均生存年限只有4年。因此，日本在延长肺癌病人生命方面的医疗水平要高于亚洲的其他国家。

张研究员：你的论证缺乏充分的说服力。因为日本人的自我保健意识总体上高于其他的亚洲人，因此，日本肺癌患者的早期确诊率要高于亚洲其他国家。

张研究员的反驳，基于以下哪项假设？（　　）

Ⅰ. 肺癌患者的自我保健意识对于其疾病的早期确诊起到重要作用。

Ⅱ. 肺癌的早期确诊对延长患者的生存年限起到重要作用。

Ⅲ. 对肺癌的早期确诊技术是衡量防治肺癌医疗水平的一个重要方面。

A. 只有Ⅰ　　　　　　B. 只有Ⅱ

C. 只有Ⅲ　　　　　　D. 只有Ⅰ和Ⅱ　　　　　　E. Ⅰ，Ⅱ和Ⅲ

 综合练习第二套参考答案

第三套

1. 所有持有当代商厦购物优惠卡的顾客，同时持有双安商厦的购物优惠卡。去年国庆，当代商厦和双安商厦同时给持有本商厦购物优惠卡的顾客的半数赠送了价值 100 元的购物奖券。结果，上述同时持有两个商厦的购物优惠卡的顾客，都收到了这样的购物奖券。

   如果上述断定是真的，那么下列哪一项断定也一定是真的？（　　）

   Ⅰ．所有持有双安购物优惠卡的顾客，也同时持有当代商厦的购物优惠卡。

   Ⅱ．今年国庆，没有一个持有上述购物优惠卡的顾客分别收到两个商厦的购物奖券。

   Ⅲ．持有双安商厦的购物优惠卡的顾客中，至多有一半收到当代商厦的购物奖券。

   A．只有Ⅰ　　　　　　B．只有Ⅱ

   C．只有Ⅲ　　　　　　D．只有Ⅰ和Ⅱ　　　　　　E．Ⅰ，Ⅱ和Ⅲ

2. 据《科学日报》消息，1998 年 5 月，瑞典科学家在研究中首次提出，一种对防止老年痴呆有特殊功效的微量元素，只有在未加工的加勒比椰果中才能提取。

   如果《科学日报》的上述消息是真实的，那么，下列哪项不可能是真实的？（　　）

   Ⅰ．1977 年 4 月，芬兰科学家在相关的研究中提出过，对防治老年痴呆症有特殊功效的微量元素，除了未加工的加勒比椰果，不可能在其他对象中提取。

   Ⅱ．荷兰科学家在相关的领域研究中论证，在未经加工的加勒比椰果中，并不能提取对防治老年痴呆症有特殊功效的微量元素，这种微量元素可以在其他某些深海微生物中提取。

   Ⅲ．著名的苏格兰医生查理博士在相关的领域中论证，该微量元素对防治老年痴呆症并没有特殊功效。

   A．只有Ⅰ　　　　　　B．只有Ⅱ

   C．只有Ⅲ　　　　　　D．只有Ⅱ和Ⅲ　　　　　　E．Ⅰ，Ⅱ和Ⅲ

3. 某组织改选领导班子实行这样一条规则：如果候选人多于一个，那么候选人必须同意被提名，并且在表态之前，必须被告知其他的候选人是谁。

   如果事实上只有当候选人同意被提名后才能知道实际的候选人是谁，那么以下哪项是对上述规则最准确的评价？（　　）

   A．实行该规则，使得被提名的候选人的人数比不实行该规则要多

   B．实行该规则，使得被提名的候选人的人数比不实行该规则要少

   C．实行该规则，没有候选人可能被提名

   D．实行该规则，被提名的候选人最多只可能有一个

   E．实行该规则，被提名的候选人至少有一个

4. 只有她去，你和我才会一起去唱"卡拉 OK"，而她只到能跳舞的"卡拉 OK"厅唱歌，那些场所都在市中心。只有你参加，她妹妹才会去唱"卡拉 OK"。

   如果上述断定是真的，那么以下哪项也一定为真？（　　）

   A．她不和她妹妹一起唱"卡拉 OK"

B. 你和我不会一起在市郊的"卡拉OK"厅唱歌

C. 我不在，你和她不会一起去唱"卡拉OK"

D. 她不在，你不会和她妹妹一起去唱"卡拉OK"

E. 她妹妹也只到能跳舞的地方唱"卡拉OK"

5. 森达集团规定，它的下属连锁分店，年营业额超过800万元的，雇员可获得年超额奖。年终统计显示，该集团所属10个连锁分店，其中7个年营业额超过800万元，其余的不足500万元。森达集团又规定，只有年营业额超过500万元的，雇员才能获得敬业奖。如果上述断定都是真的，那么下列哪项关于该集团的断定也一定是真的？（　　）

Ⅰ. 得敬业奖的雇员，一定得年超额奖。

Ⅱ. 得年超额奖的雇员，一定得敬业奖。

Ⅲ. 森达集团的大多数雇员都得了年超额奖。

A. 仅Ⅰ　　　　　　　　B. 仅Ⅱ

C. 仅Ⅲ　　　　　　　　D. 仅Ⅰ和Ⅱ　　　　　　E. Ⅰ，Ⅱ和Ⅲ

6. 远大汽车公司生产的小轿车都安装了驾驶员安全气囊。在安装驾驶员安全气囊的小轿车中，有80%安装了乘客安全气囊。只有安装乘客安全气囊的小轿车才会同时安装减轻冲击力的安全杠和防碎玻璃。

如果上述断定为真，并且事实上李先生从远大汽车公司购进的一辆小轿车中装有防碎玻璃，则以下哪一项断定一定是真的？（　　）

Ⅰ. 这辆车一定装有安全杠。

Ⅱ. 这辆车一定装有乘客安全气囊。

Ⅲ. 这辆车一定装有驾驶员安全气囊。

A. 仅Ⅰ　　　　　　　　B. 仅Ⅱ

C. 仅Ⅲ　　　　　　　　D. 仅Ⅰ和Ⅱ　　　　　　E. Ⅰ，Ⅱ和Ⅲ

7. 一天，小方、小林做完数学题后发现答案不一样。小方说："如果我的不对，那你的就对了。"小林说："我看你的不对，我的也不对。"旁边的小刚看了看他俩的答案后说："小林的答案错了。"这时数学老师刚好走过来，听到了他们的谈话，并查看了他们的运算结果后说："刚才你们三个人所说的话中只有一个人是真的。"

请问下述说法中哪一个是正确的？（　　）

A. 小方说的是真话，小林的答案对了

B. 小刚说的是真话，小林的答案错了

C. 小林说对了，小方和小林的答案都不对

D. 小林说错了，小方的答案是对的

E. 小刚说对了，小林和小方的答案都不对

8. 某矿山发生了一起严重的安全事故。关于事故原因，甲、乙、丙、丁四位负责人有如下断定。

甲：如果造成事故的直接原因是设备故障，那么肯定有人违反操作规程。

乙：确实有人违反操作规程，但造成事故的直接原因不是设备故障。

丙：造成事故的直接原因确实是设备故障，但并没有人违反操作规程。

丁：造成事故的直接原因是设备故障。

如果上述断定只有一个人的断定为真，那么以下断定都不可能为真，除了（　　）。

A．甲的断定为真，有人违反了操作规程

B．甲的断定为真，但没有人违反操作规程

C．乙的断定为真

D．丙的断定为真

E．丁的断定为真

9. 相传古时候有两座怪城，一座叫"真城"，一座叫"假城"。真城里的人个个说真话，假城里的人个个说假话。他们各自生活在自己的城市。一位知晓这一情况的旅行者第一次来到其中一座城市，他只要问遇到的第一个人一个答案为"是"或"否"的问题，就会明白自己所到的是真城还是假城。

以下哪个问句是最恰当的？（　　）

A．你是真城的人吗？　　　　　　B．你是假城的人吗？

C．你是说真话的人吗？　　　　　D．你是说假话的人吗？

E．你是这座城市的人吗？

10. 某法院审理一起案件，某村的甲、乙、丙三人作为嫌疑犯被押上法庭。审问开始了。法官先问甲："你是怎样作案的？"由于甲说的是方言，法官听不懂。于是，法官就问乙和丙："刚才甲是如何回答我的问题的？"乙说："甲的意思是，他并不是盗窃犯。"丙说："甲刚才招供了，他承认自己是盗窃犯。"法官听完乙和丙的话后，马上做出判断：释放乙，逮捕丙入狱。事实论证法官的判断是正确的。

法官做出准确的判断最不可能依据的假定是什么？（　　）

A．初审时，在没有胁迫的情况下，说真话的不会是盗窃犯，而说假话的是盗窃犯

B．初审时，在没有胁迫的情况下，甲是不可能招供的

C．初审时，在没有胁迫的情况下，甲无论是否为盗窃犯，他回答总会说：我不是盗窃犯

D．据某村民反映，丙以前曾多次盗窃人家的财物

E．丙在转述甲的回答时说了假话

11. 如果飞行员严格遵守操作规程，并且飞机在起飞前经过严格的例行技术检验，那么飞机就不会失事，除非出现劫机这样的特殊意外。这架波音747在金沙岛上空失事。

如果上述断定是真的，那么以下哪项也一定是真的？（　　）

A．如果失事时无特殊意外发生，那么飞行员一定没有严格遵守操作规程，并且飞机在起飞前没有经过严格的例行技术检验

B．如果失事时有特殊意外发生，那么飞行员一定严格遵守操作规程，并且飞机在起飞前经过严格的例行技术检验

C．如果飞行员没有严格遵守操作规程，并且飞机在起飞前没有经过严格的例行技术

检验，那么失事时没有特殊意外发生

D．如果失事时没有特殊意外发生，那么可得出结论：只要飞机失事的原因是飞行员没有严格遵守操作规程，那么飞机在起飞前一定经过严格的例行技术检验

E．如果失事时没有特殊意外发生，那么可得出结论：只要飞机失事的原因不是飞机在起飞前没有经过严格的例行技术检验，那么一定是飞行员没有严格遵守操作规程

第12题、第13题基于以下题干：

如果"红都"娱乐宫在同一天既开放交谊舞厅又开放迪斯科舞厅，那么它也一定开放保龄球厅，该娱乐宫在星期二不会开放保龄球厅。李先生只有在开放交谊舞厅时才去"红都"娱乐宫。

12. 如果上述断定是真的，那么以下哪项断定也一定是真的？（   ）

   A．星期二李先生不会光顾"红都"娱乐宫
   B．李先生不会同一天在"红都"娱乐宫既光顾交谊舞厅又光顾迪斯科舞厅
   C．"红都"娱乐宫在星期二不开放迪斯科舞厅
   D．"红都"娱乐宫只在星期二不开放交谊舞厅
   E．如果"红都"娱乐宫在星期二开放交谊舞厅，那么这一天它一定不开放迪斯科舞厅。

13. 如果题干的断定是真的，并且事实上李先生星期二光顾了"红都"娱乐宫，那么以下哪项断定一定是真的？（   ）

   A．"红都"娱乐宫在李先生光顾的那天没有开放迪斯科舞厅
   B．"红都"娱乐宫在李先生光顾的那天没有开放交谊舞厅
   C．"红都"娱乐宫在李先生光顾的那天开放了保龄球厅
   D．"红都"娱乐宫在李先生光顾的那天既开放了交谊舞厅又开放了迪斯科舞厅
   E．"红都"娱乐宫在李先生光顾的那天既没开放交谊舞厅又没开放迪斯科舞厅

第14题、第15题基于以下题干：

八个博士C、D、L、M、N、S、W、Z正在争取获得某项科研基金。按照规定只有一个人能获得该项基金。谁获得该项基金，由学校评委投票决定。评委分成不同的投票小组。如果D获得的票数比W多，那么M将获得该项基金；如果Z获得的票数比L多，或者M获得的票数比N多，那么S将获得该项基金；如果L获得的票数比Z多，同时W获得的票数比D多，那么C将获取该项基金。

14. 如果S获得了该项基金，那么下列哪一个结论一定是正确的？（   ）

   A．L获得的票数比Z多   B．Z获得的票数比L多
   C．D获得的票数不比W多   D．M获得的票数比N多
   E．W获得的票数比D多

15. 如果W获得的票数比D多，但C并没有获得该项基金，那么下面哪一个结论必然正确？（   ）

   A．M获得了该项基金   B．S获得了该项基金

C. M获得的票数比N多　　　　　　D. L获得的票数不比Z多

E. Z获得的票数不比M多

第16题、第17题基于以下题干：

P：任何在高速公路上运行的交通工具的时速必须超过60千米。

Q：自行车的最高时速是20千米。

R：我的汽车只有逢双日才被允许在高速公路上行驶。

S：今天是5月18日。

16. 如果上述断定是真的，下面哪项断定也一定是真的？（　　）

Ⅰ．自行车不允许在高速公路上行驶。

Ⅱ．今天我的汽车仍然可能不被允许在高速公路上行驶。

Ⅲ．如果我的汽车时速超过60千米，那么当日肯定逢双日。

A．Ⅰ，Ⅱ和Ⅲ　　　　B．仅Ⅰ

C．仅Ⅰ和Ⅱ　　　　　D．仅Ⅰ和Ⅲ　　　　　E．仅Ⅱ和Ⅲ

17. 假设只有高速公路才有最低时速限制，则从上述断定加上以下哪项条件可合理地得出结论："如果我的汽车正在行驶的话，时速不必超过60千米。"（　　）

A．Q改为："自行车的最高时速可达60千米"

B．P改为："任何在高速公路上运行的交通工具的时速必须超过70千米"

C．R改为："我的汽车在高速公路上行驶不受单双日的限制"

D．S改为："今天是5月20日"

E．S改为："今天是5月19日"

18. 以下是一个经济学家陈述的观点：一个国家如果能有效地运作经济，就一定能创造财富而变得富有；而这样的一个国家想保持政治稳定，它所创造的财富必须得到公正的分配；而财富的公正分配将结束经济风险；但是经济风险的存在正是经济有效率运作不可或缺的先决条件。

根据这个经济学家的上述观点，可以得出以下哪项结论？（　　）

A．一个国家政治上的稳定和经济上的富有不可能并存

B．一个国家政治上的稳定和经济上的有效率运作不可能并存

C．一个富有国家的经济运作一定是有效率的

D．在一个经济运作无效率的国家中，财富一定得到了公正的分配

E．一个政治上不稳定的国家，一定同时充满了经济风险

19. 没有人爱每一个人；牛郎爱织女；织女爱每一个爱牛郎的人。

如果以上陈述为真，则下列哪项不可能为真？（　　）

Ⅰ．每一个人都爱牛郎。

Ⅱ．每一个人都爱一些人。

Ⅲ．织女不爱牛郎。

A．仅Ⅰ　　　　　　B．仅Ⅱ

C. 仅Ⅲ 　　　　D. 仅Ⅰ和Ⅱ　　　　E. Ⅰ，Ⅱ和Ⅲ

20. 一个罪犯要作案，必须既有作案动机又有作案时间，而指控一个人作案还必须要说明他既有犯罪事实又有犯罪后果。可以确定，李某没有作案也没有被指控作案。

    根据以上陈述，可以确定以下哪项为真？（　　）

    A. 李某既没有作案动机又没有作案时间
    B. 李某或者没有作案动机或者没有作案时间
    C. 李某或者没有犯罪事实或者没有犯罪后果
    D. 李某或者没有作案动机或者没有作案时间，或者没有犯罪事实或者没有犯罪后果
    E. 以上都不正确

21. 某舟桥师下属的快速机动班进行了实弹射击，由于机动班肩负着代表该师参加国际军事交流的重任，所以部队首长非常关心该机动班的射击成绩。师长认为，该班所有战士射击成绩都是优秀。参谋长则认为，由于该班前期一直关注体能而忽视射击训练，所以，有些战士不是优秀。副师长则认为，不管其他战士如何，该班战士如果赵甲是优秀，那么钱乙就不会是优秀。射击成绩公布，上述三位部队首长的看法只有一位是正确的。

    从上述事实中可以推出以下哪项必然为真？（　　）

    A. 该班所有战士射击成绩都是优秀
    B. 该班有些战士的射击成绩不是优秀
    C. 该班的赵甲和钱乙射击成绩都不是优秀
    D. 该班赵甲射击成绩不是优秀或者钱乙射击成绩是优秀
    E. 该班赵甲射击成绩不是优秀或者钱乙射击成绩不是优秀

22. 据国际卫生与保健组织1999年年会"通讯与健康"公布的调查报告显示，68%的脑癌患者都有经常使用移动电话的历史。这充分说明，经常使用移动电话将会极大地增加一个人患脑癌的可能性。

    以下哪项如果为真，将最严重地削弱上述结论？（　　）

    A. 进入20世纪80年代以来，使用移动电话者的比例有惊人的增长
    B. 有经常使用移动电话的历史的人在1990年到1999年超过世界总人口的65%
    C. 在1999年全世界经常使用移动电话的人数比1998年增加了68%
    D. 使用普通电话与移动电话通话者同样有导致脑癌的危险
    E. 没有使用过移动电话的人数在20世纪90年代超过世界总人口的50%

23. 北疆地区，白酒品牌通过交通电台进行密集的广告宣传将会迅速获得最大程度的知名度。

    上述断定最可能推出以下哪项结论？（　　）

    A. 在北疆地区，交通电台是白酒打开市场的最重要途径
    B. 在北疆地区，高知名度的白酒将拥有众多的消费者
    C. 在北疆地区，交通电台的广告宣传可以使白酒的信息传到每户人家
    D. 在北疆地区，某一种白酒为了迅速获得最大程度的知名度，除了通过交通电台进

行密集的广告宣传外，不需要利用其他宣传工具做广告

E．在北疆地区，某一种白酒的知名度与其性能和质量的关系很大

24．W病毒是一种严重危害谷物生长的病毒，每年要造成谷物的大量减产。W病毒分为三种：W1、W2、W3。科学家们发现，把一种从W1中提取的基因，植入易受感染的谷物基因中，可以使该谷物产生对W1的抗体，这样处理的谷物会在W2和W3中，同时产生对其中一种病毒的抗体，但严重减弱对另一种病毒的抵抗力。科学家证实，这种方法能大大减少谷物因病毒危害造成的损失。

从上述断定最可能得出以下哪项结论？（　　）

A．在三种W病毒中，不存在一种病毒，其对谷物的危害性比其余两种病毒的危害性加在一起还大

B．在W2和W3两种病毒中，不存在一种病毒，其对谷物的危害性，比其余两种病毒的危害性加在一起还大

C．W1对谷物的危害性比W2和W3的危害性加在一起还大

D．W2和W3对谷物具有相同的危害性

E．W2和W3对谷物具有不同的危害性

25．最近，通勤客机坠落事故的急剧增加在很大程度上是由飞行员缺乏经验所致。作为一个急速发展的工业部门，通勤客机最近对有经验的飞机驾驶员的需求量剧增。然而，对飞机的驾驶员的经验进行确定及评估是不可能的。例如，一个在气候良好的亚利桑那州飞行1000小时的教官，是不能和一个在充满暴风雨的东北部飞行1000小时的夜班货机飞行员相比的。

作者关于通勤客机坠毁事故的增加是由飞行员缺乏经验所致的结论最能被作者的哪项事实所削弱？（　　）

A．认为不可能衡量飞行员的经验

B．使用一个与所阐明的观点在逻辑上不相关的例子

C．对航空公司通勤客机坠毁事件的增加，只给出了片面的解释

D．对飞行教官的经验与夜班货机飞行员的经验做了一个不公平的比较

E．没有指明最近有多少航空公司的通勤客机的坠毁是由飞行员缺乏经验所致

综合练习第三套参考答案